金持ち脳でトクする人 貧乏脳でソンする人

一生お金に困らない55の法則

世野いっせい

PHP文庫

○本表紙図柄＝ロゼッタ・ストーン（大英博物館蔵）
○本表紙デザイン＋紋章＝上田晃郷

はじめに

こんにちは。世野いっせいです。

僕は現在、アメリカや日本をはじめとするアジア諸国を行き来し、年間不労所得3億円を得る投資家です。

僕が最初に渡米したのは1992年のことです。

当時、僕は大学卒業を10日後に控えながら、学校を辞めました。なぜなら「**現実社会でなにか問題が起こった時、大学で学んだことは1ミリも役に立たない**」と痛感したからです。

後のページで詳しくお話ししますが、僕は在学中に1900万円もの借金を負う羽目に陥《おちい》りました。結果的にその借金はなんとか返済することができたのですが、その問題解決の過程において、学校で習ったことは何の〝足し〟にもならなかったのです。

「こんなところに卒業までいたって、まったく意味がない。ならば、自分が実際に社会に出て、役に立つことを学ぼう。大学を何の疑問も持たずに卒業したやつらと、途中で辞めた僕と、どちらが勝つか、勝負してやる！」

そんな気持ちで退学届けを出しました。そして、「どうせだったら、世界一の国に行ってやろう！」そう意気込んで、アメリカへと渡ったのです。

こうして、知り合いもツテもまったくない状態で乗り込んだアメリカで、僕はまさに「運命」とも言える出会いをしました。のちに、僕の大師匠となるユダヤ系アメリカ人大富豪との出会いです。

実は、この人物が〝ただ者〟ではありませんでした。

後に知ったのですが、彼はいわゆる「成金的なお金持ち」ではなく、4世代にわたって続く**「由緒正しきお金持ち」**だったのです。まさに、「本物のお金持ち」です。

彼らはこれらの富を減らさずに子孫へ永遠に引き継いでいくための、さまざまな知恵を持っていました。むしろ、日本とは違い相続するたびに資産が増えていくのです。それらは決して小手先の「ノウハウ」などではなく、**本物のお金持ちしか知りえない「お金に対する考え方」**だったのです。

これらの考え方、つまり一《いっ》子《し》相伝《そうでん》の「哲学」が、彼らやその仲間と一緒に過ごすことで自然と身についていきました。

僕はそれらを学びながら、お金持ちの思考回路にはある〝共通点〟があることに気づきました。**これこそが「金持ち脳」と、僕がこの本で呼んでいる考え方**です。

そして、これらの考え方がその後の僕の人生を大きく変えてくれることになったのです。

「金持ち脳」の考え方には、お金に対する大事なエッセンスが詰まっています。

どれも、これまでお金の教育をあまり受けてこなかった多くの日本人のみなさんに知っておいていただきたいことばかりです。

もしあなたがちょっとでも、「自分の人生を変えてみたい！」と思うならば、まずはぜひこの本を読んでみてください。

そこから、あなたの思考に変化がはじまります。

Contents

金持ち脳でトクする人
貧乏脳でソンする人

Step 1

「金持ち脳」って何？

お金持ちの〝頭の中〟をのぞいてみると……

Step 2

「金持ち脳」をつくる、毎日の習慣術
目線をちょっと変えるだけで、お金に好かれる人になる！

21 「What do you want ?」の法則
□貧乏脳は、物事を「主観的」に見る
□金持ち脳は、物事を「客観的」に見る
152

22 「動物園のライオン」の法則
□貧乏脳は、与えられたエサで満足する
□金持ち脳は、エサの正体を知っている
155

23 「時間はコスト」の法則
□貧乏脳は、「お金」だけがコストだと考えている
□金持ち脳は、「時間」もコストだと認識している
159

24 「4つのゴール」の法則
□貧乏脳は、「王様」を目指す
□金持ち脳は、「お姫様」を目指す
163

25 「スーパースター」の法則
□貧乏脳は、企業の「カリスマ性」を見る
□金持ち脳は、企業の「バランス」を見る
167

26 「炊飯器と保温器」の法則 170
□貧乏脳は、お金を「炊く」
□金持ち脳は、お金を「保温する」

27 「お金持ちではない
お金の専門家」の法則 174
□貧乏脳は、証券マンを「お金のエキスパート」だと考える
□金持ち脳は、証券マンを「お金のセールスマン」だと考える

28 「1/2×1/2＝1/4」の法則 177
□貧乏脳は、「かけ算」で考える
□金持ち脳は、「ひき算」で考える

29 「車の修理でぼったくられる主婦」の法則 181
□貧乏脳は、専門家に従う
□金持ち脳は、専門家を従える

30 「狩猟と農耕」の法則
□貧乏脳は、コツコツ貯金をする
□金持ち脳は、コツコツ投資をする
184

31 「両手ですくった水」の法則
□貧乏脳は、お金を増やそうとする
□金持ち脳は、お金を減らさない
188

32 「プールの細菌」の法則
□貧乏脳は、お金のために働く
□金持ち脳は、お金を働かせる
190

33 「黒海沿岸の小さな村」の法則
□貧乏脳は、お金を生まれるものだと考える
□金持ち脳は、お金が回るものだと知っている
195

34 「自然の流れ」の法則
□貧乏脳は、自分のためにお金を使う
□金持ち脳は、誰かのためにお金を使う
198

35 「仮説」の法則
□貧乏脳は、「予想」で計画を立てる
□金持ち脳は、「仮説」から計画を立てる
201

36 「ムダなことほど大事」の法則
□貧乏脳は、雑談をムダだと切り捨てる
□金持ち脳は、雑談の中にヒントを見出す
204

37 「消費物を買う時」の法則
□貧乏脳は、消費物を「現金」で買う
□金持ち脳は、消費物を「資産」に買わせる
207

38 「ハード・ソフト・ファイナンス」の法則
□貧乏脳は、すべて自分で揃えて起業する
□金持ち脳は、優秀なソフトさえあれば起業する
210

39 「王様と剣」の法則
□貧乏脳は、資産の半分以上を銀行に預けておく
□金持ち脳は、お金を使うべき時に使う
215

40 「願い事を人に話すとかなわない」の法則 218
□貧乏脳は、できるだけ多くの人に夢を語る
□金持ち脳は、夢を語る相手を選ぶ

41 「本物の成功者ほど会える確率が高い」の法則 221
□貧乏脳は、「無理だろう」と諦める
□金持ち脳は、とにかく会いに行ってみる

Step 3 もう一生お金に困らない！「金持ち脳」の生き方

生活が変わる！ 未来が好転！ 〝いいこと尽くめ〟の毎日が待っている

42 「お金持ちに出会う」の法則 226
□貧乏脳は、飛行機にお金をかけるのはもったいないと考える
□金持ち脳は、ちょっと頑張ってビジネスクラスに乗る

43 「現金が一番弱い」の法則
□貧乏脳は、現金が好き
□金持ち脳は、現金が嫌い
231

44 「大事な一瞬」の法則
□貧乏脳は、どんな時でも家族より仕事
□金持ち脳は、大事なものを崩さない
234

45 「好きなモノから先に食べる」の法則
□貧乏脳は、最後まで取っておく
□金持ち脳は、一番はじめに食べる
237

46 「現実的なことより、非現実的なことのほうが達成しやすい」の法則
□貧乏脳は、現実的なことしかやらない
□金持ち脳は、非現実的なことに挑戦する
240

47 「NO.2」の法則
□貧乏脳は、会社の「NO.1」を見る
□金持ち脳は、会社の「NO.2」を見る
242

48 「トップで3年」より「7番手、8番手で永遠に」の法則
□貧乏脳は、トップを目指す
□金持ち脳は、脇役をキープする
244

49 「有利な場所に自分が動く」の法則
□貧乏脳は、一つの場所に定住する
□金持ち脳は、より良い場所に移住する
246

50 「1万円の価値」の法則
□貧乏脳は、税金を仕方ないと考える
□金持ち脳は、税金をコストと考える
251

51 「ロールプレイングゲーム」の法則
□貧乏脳は、攻撃力を身につける
□金持ち脳は、防御力を身につける
254

52 「ドロボーがつくったセキュリティー会社」の法則
□貧乏脳は、「同じ立場」の人を使う
□金持ち脳は、「反対の立場」の人を使う
257

53 「背中についたゴミ」の法則 259
□貧乏脳は、聞く耳を持たない
□金持ち脳は、苦言に耳を傾ける

54 「成功者はみな子ども」の法則 262
□貧乏脳は、大人ぶる
□金持ち脳は、子供のまま

55 「か・が・み」の法則 266
□貧乏脳は、自分だけが満たされる
□金持ち脳は、周りの人も満たしてあげる

おわりに 269

編集協力——柴田恵理

Prologue

質問です。
あなたは一生働き続けますか？

ホンモノのお金持ちがしている「思考法」って？

突然ですが、質問です。

あなたは一生働き続けますか？

「60歳になったら、定年でリタイアでしょう？」と思った方にもうひとつ質問です。

では、**引退後の収入源はなんですか？**

世の中には、お金を稼ぐための「資本」はふたつしかありません。

それは**「労働資本」**と**「金融資本」**です。

「労働資本」は自分の「労働力」を使ってお金を稼ぐことです。

サラリーマンなどは、まさにこの労働資本の代表ですね。ちなみに、労働資本の頂点は「社長」です。

働けば働くほど稼ぐチャンスはあるけれど、逆に自分で動かなければお金は一銭も入ってきません。つまり、**労働資本でお金を得るためには、自分が一生働き続けなければいけない**、ということです。

この本では、**労働資本だけでお金を得ようとする思考回路**を、この後紹介する「金持ち脳」に対して**「貧乏脳」**と呼びたいと思います。労働にははっきり言って限界があります。生涯現役として、自らが働き続けるのはなかなかしんどいことだと思います。そして、労働ができなくなると収入の道が途絶える、つまり**「労働の寿命＝収入の寿命」と考えるのが「貧乏脳」**です。

一方、金融資本とは、極端な言い方をすれば、**「自分が動かなくても、寝てて**

も お金が入る」というものです。つまり、「お金を働かせる」のです。

そして、このために必要な思考回路が**「金持ち脳」**です。

日本にも「お金持ち」と言われる人はいますが、それは単に収入の多い人です。日本のお金持ちはほぼ「ワーキングリッチ」、つまり働いていることで成り立っているお金持ちです。

一方、本当のお金持ちは、資産が多い人。**働かなくても保有資産がお金を生んでいる「リアルリッチ」**です。そして、彼らはみな**「金持ち脳」**を持っています。

よく「サラリーマンが脱サラして、飲食店を開業する」などという話を聞きます。けれど、どうしてサラリーマンを辞めてしまうのでしょう。これまで、せっかくサラリーマンや公務員として労働して貯めたお金を使って、なぜまた労働者になるのですか？

「脱サラ」することこそが「貧乏脳」の考え方です。

会社を辞めなくても、飲食店は開けます。

今の仕事を継続しながら、飲食店の「オーナー」になって、店長を雇って店を切り盛りしてもらう。それこそが「金持ち脳」の考え方です。

その考え方ならば、たとえば医師免許を持っていなくてもクリニックを開けるし、技術がなくても美容院もオープンできます。修業を積んでいなくてもラーメン屋をつくれます。

日本人の場合には美容師の免許を持っている人が美容院を開く、シェフが飲食店を開く、という考えがほとんどかもしれません。自分がオーナー（株主）であり、経営者であり、従業員です。むしろ、自分が4番バッターという場合もあるかもしれません。自らが主力選手なので、抜けてしまったら会社が立ち行かなくなることもあるでしょう。

でも、それはあくまでも「貧乏脳」の考え方です。

お金持ちの定義を私はこう考えます。

「経済的にも精神的にも豊かで、未来をコントロールできる力を持っている」

つまり、自分の将来を自分でコントロールできるというわけです。

先ほどの質問「あなたの引退後の収入源はなんですか？」という質問に、ドキッ！　とした方。そして、「年金かなあ？」と答えた方は、まさに「貧乏脳」の持ち主です。

年金はこの先どうなるかわかりませんよね？　支給額がどんどん下がるかもしれないし、もしかすると支払われなくなる可能性だってゼロではありません。

まさに、自分ではどうしようもない、自分の力ではコントロールできない代物《しろもの》です。

そんな不安定な要素に頼って生きていきますか？

自分の未来は自分でコントロールする。

そのためには、

「体力のある若い時期に労働力を使ってガンガン稼ぎ、歳を取って体力が落ちてくる頃には投資家になって稼いだものをしっかり守る」

というのが理想の姿で、投資家はこれを目指しています。

若い頃は、体力はあるけれど、お金はない。

一方、歳を取ると、体力はないけれど、お金はある。

この流れを上手に組み合わせ、動けるうちに労働資本を金融資本に変えるのです。

たとえば、日本の小学生などに、「お金持ちはどんな職業でしょう？」と聞いてみると、「プロ野球選手」「社長」という声が挙がると思います。

でも、実際にはどうなのでしょう？

日本において、お金持ちになるために必要なのは「起業して社長になる」ことではありません。

それよりも圧倒的に有利な職業があります。

それは、**「サラリーマン」**や**「公務員」**です。

僕がもし、今の知識をすべて持った状態で、10代から人生をやり直せるのであれば、まずサラリーマンか公務員になります。なぜなら、サラリーマンや公務員は銀行で融資を受けやすいし、ローンも付きやすいからです。だから、日本で不動産を買いやすいのです。圧倒的な信用力と安定性があるからです。個人事業主や起業した経営者はローンが付きづらいです。賃貸物件やクレジットカードの審査に通らなかったりすることもあるでしょう。

余談ですが、実際、僕がアメリカに住んで何年か経ったのち、日本にマンションを借りようと申し込んだところ、まったく借りられませんでした。「家賃1年分をまとめて払います!」と交渉したのですが、それでもダメでした。現金がいくらあっても、日本では信用力がないと意味がないですね。

僕がもし今の知識をすべて持った状態で生まれ変わり、サラリーマンか公務員になったら、まず日本で投資用の不動産を買います。そして、そこで得たキャッシュフローをもとに、徹底的に収益性を重視してとにかくお金を稼ぎ、それを使ってビジネスオーナーになります。

最終的にはそれらのビジネスを売却し、ある程度まとまったお金ができたら、海外(僕だったらアメリカ)の不動産を購入するなどして資産を安全なところ、つまり資産価値が落ちないところに移します。さらに税金の安い国に移住し、築き上げた資産を守り、子孫たちに継承していくと思います。

あなたが今、サラリーマンや公務員でお金が貯まらないと悩んでいるとすれば、それはただ**「お金を貯める方法を知らない」**からです。その方法を知り、考え方をちょっと変えるだけで、自然とお金は貯まるようになります。

僕は、これまでに約3000人の方たちにこの金持ち脳の考え方を伝授してきました。そして、実際にそれらを忠実に実践してきた人たちは、**自分の資産を3年半ほどで2・5倍~3倍にまで増やしています。**

具体的なノウハウを覚える前に、まずは本書でぜひ「金持ち脳」を手に入れてください。

そして、この考え方は、投資だけでなく、仕事でもスポーツでも、何にでも使えます。成功している人とそうでない人の明暗を分けるのは、この考え方ひとつだと、僕は思います。

この本は「投資」の本ではありません！

まず、はじめにお伝えしておくと、この本には具体的な「投資」のノウハウは一切書かれていません。

なぜなら、投資家の考え方を学びながら「金持ち脳」を築くための本だからです。

ところで、「投資」というと、あなたはどういうイメージをお持ちですか？

「どこかギャンブルに似ている」

「当たったら大きいけれど、はずすと大変なことになる」

などと考えるのではないでしょうか。

お金を「えい！」と投げて、結果は果たして「吉」と出るか「凶」と出るか……。どう出るかわからないので、ドキドキして待つ、というイメージが強いように思います。

けれど、それは「投資」ではなく「投機」です。

「お金を稼ぎたい」と思っている人が、投資をはじめようとしますが、これは大きな間違いです。

もし短期間に大儲けをしたい、と思っているのであれば、投資ではなく「事業」を興すべきです。

では、なぜ大儲けをしたい人が投資をはじめようと思うのでしょう？

それは、「投資」に対する認識が誤った方向にあるからだと思います。

たとえば、離れた場所に的《まと》があったとします。

投機は「的に当てる」ということより、むしろ、「いかに遠くに飛ばすか」が大切です。遠くに飛ばせば飛ばすほどいい、というわけです。

これに対し、投資は「いかに狙った的に近づけるか」が重要となります。

つまり、たとえ遠くに飛んだとしても、それは当初ねらった的からはずれているのでダメなのです。

投資というものは、はじめから「的」が決まっているものに対してお金を投じることです。

そして、**的の中心にいかに近づけることができるか、を考えるもの**なのです。

一方、**「投機」というのは、「的」がありません。遠くに飛べば飛ぶほどいい。**

つまり、いかに大きく儲けるか、を考えるものなのです。

ちょっと考えてみてください。

たとえば、利益を1億円出す予定が、結果として5億円儲けたというのと、同じく利益を1億円出す予定が、結果として9500万円の儲けだった、というのでは、どちらがいいと思いますか？

ふつうだったら、「そりゃ、1億円儲けるつもりが5億円も儲かってしまったのだから、そちらのほうがずっといいに決まっている」と思いますよね。

たしかに、金額だけを考えると、5億円もの利益をあげたほうがより「成功」したように思えるでしょう。

けれど、私たち投資家はそうは考えません。むしろ、後者のほうを「よし」とするのです。

なぜなら、常に**「いかに的（自分の想定する結果）に近づけることができるか」**ということを第一に考えるからです。

5億円と9500万円、どちらが1億円に近いでしょう？

明らかに「9500万円」のほうが近いですよね。つまり、9500万円のほうが、自分の設定した「的」に近いということになります。

1億円儲けるつもりが結果として5億円儲かってしまった、というのは、自分があらかじめ設定した「結果」からかけ離れています。つまり、的から大きくはずれている、ということです。今回はたまたま5億円儲けるという「プラス」の結果になったからいいものの、一歩間違えば、逆に5億円を損失していた可能性もあるのです。

投資家は、「自分の想定する結果」を何より重視するのです。

もうひとつ例を挙げますね。

目の前に2台のレース用の車があるとします。

1台の車（これをA車とします）は、これまで一度も故障したことはありません。5年間無事故、無故障で動いて、いい記録を出してゴールしています。

一方、もう1台の車（これをB車とします）は、コーナーにくるたびに故障をして、そのたびに修理しています。修理しては走り、修理しては走るという状態なので、A車に比べると記録はそれほどいいとは言えません。けれど、毎回必ずゴールは決めています。

それでは、問題です。

どちらか1台を買うとしたら、あなたならA車とB車、どちらを選びますか?

答えを決めてから、次に進んでください。

さて、どちらを選んだでしょう?

たいていの人は「A車」を選ぶのではないでしょうか。

だって、これまで故障をしたことのない「優等生」ですから。これまで無事故、無故障でいい記録を出している車と故障だらけの車を比較したら、それは優等生のほうがいいに決まっている、と考えるでしょう。

けれど、僕だったら「B車」を選びます。

なぜなら、B車ははじめから「故障をする」という〝リスク〟がわかっているからです。

さらに言うと、「コーナーにくるたびに故障をする」という特徴もわかっています。

けれど、毎回ゴールしているのですから、修理する方法が確立されていて、それをクリアしている、ということでもあります。

一方、A車はどうでしょう？

たしかに、これまでは故障することもなく、順調に走ってきました。けれど、それがいつまでも続くとは限りません。未来永劫《みらいえいごう》同じ状態が続く保証はまったくありません。

もし、次のレースで故障したら、どうでしょうか？　どこが壊れたかもわからなければ、どうしたら修理できるか？　という方法もわからない。なぜなら、これまで一度も壊れたことがないからです。壊れた時には修理の仕方がわかりません。しかも、そのたった一度の故障が〝致命傷〟になることもあり得るわけです。つまり、これまで故障したことがないから、どこに〝リスク〟があるのかがわからないというわけです。

これは、投資家にとって一番嫌なこと、そして避けたいことです。

投資家は、リスクが怖いわけではなく、リスクが「わからないこと」が一番怖いのです。

A車はこれから、いつ、どこが壊れるかわからないという「見えないリスク」を抱えています。

一方、B車はたしかに壊れやすいけれど、「たいてい、コーナーで故障している。そして、ここが壊れた時にはここを修理すれば、回復する」ということが事前にわかっています。だから、たとえ故障してもすぐに対処できる、というわけです。

このように、金持ち脳では**まずリスクを把握し、次に、できるだけリスクを最小限に抑える方法を考え**ます。

「いかに儲けるか」ではなく、「いかにリスクを減らすか」ということに主眼を置いているのです。

これは、お金を貸す際の考え方をたとえたものでもあります。

A車を選ぶのは、日本の銀行が好む考え方です。日本の銀行は、傷がついていない、つまり倒産したことがない会社を好みます。「倒産＝傷」と考えるため、よっぽどの大企業でもない限り、たとえ今は業績が回復して好調な会社だとしても、一度でも倒産したことがあるところには、お金を貸したがりません。失敗を「×」とし、失敗した人に「ダメ」のレッテルを貼るのです。だから、車を選ぶ際にも、これまで故障がなかったかどうかの「経歴」だけを見て、「A車」を選ぶわけです。

一方、投資家はこう考えます。たとえ、一度失敗していたとしても、そこから立ち直った相手にお金を貸したい。過去に失敗していたとしても、今がよければそこは問題になりません。なぜなら、失敗して終わったのではなく、軌道修正してそれを改善しているからです。失敗を経験しそれを克服している分だけ、リスクが減った、と考えるのです。失敗の数をひとつずつ消していけば、着実に成功に近づいていきます。

投資家にとって、ゴールまでの道のりの中に存在するあらゆるリスクを消していく作業が、一番大事な仕事なのです。

ですから、車を選ぶ際も、過去に故障したかどうかという「経歴」ではなく、故障を重ねながらも、毎回それを克服して必ずゴールを決めているという「実績」を見たうえで、B車を選ぶのです。

日本の方はこの「金持ち脳」の考え方にはあまりなじみがないかと思います。時には、「え、こんな考え方をするの？」と驚くこともあるかもしれません。

けれど、この考え方は欧米諸国の、しかも成功している人の間では、割と「当たり前」のものだったりします。ですから、今の思考回路のほかにもうひとつ、この「金持ち脳」の考え方を身につけることができると、さまざまな角度から物事を見ることができるようになり、自分の中にもうひとつの脳（セカンドブレイン）を持てるようになるはずです。

もちろん、「これをやらなければダメ！」「この方法通りにやらなければうまくいかない」というものでは決してありません。

なぜなら、成功するために「正解」はないからです。

「〇〇しなければならない」「〇〇してはいけない」と思い込むと、そればかりにとらわれてしまって、たとえ目の前にチャンスがあっても、それに気づかなくなってしまいがちです。

ですから、この本についても「こうしなければいけない」という気持ちではなく、「こういう考え方もあるのだな」と参考程度に読んでもらえるといいと思います。

ハッと気づくだけでいい。

あなたに大きな「気づき」が生まれることによって、きっと新しい可能性が広がります。

Step 1

「金持ち脳」って何？

お金持ちの〝頭の中〟をのぞいてみると……

01

「出口」の法則

貧乏脳は、「できるだけ」と考える
金持ち脳は、「どこまで」を考える

あなたは物事を考える際、どのように組み立てていきますか？

「今がこうだから、こうしてああして、最終的にはこうなればいい」というように、スタートから順を追って考えているかもしれません。

では、「入口」は考えても、「出口」は考えているでしょうか？

僕がはじめてこの法則を知ったのは、25歳の頃でした。

3人の投資家に出資してもらい、苦労して立ち上げた会社を「欲しい！」という人が現われた時のことです。

ようやく利益があがりはじめた頃だったので、「今こそ絶好調なのに。売るわけなどないだろ？」と思いながらも、このことを出資してもらった投資家に相談しに行きました。

すると、彼らはみな一様に僕に握手を求め、「おめでとう！」と言ったのです。僕は予想外の反応にびっくりして、「せっかく利益が出るようになった会社をみすみす売ってしまうのが、なぜめでたいことなのですか？」と聞きました。

すると、彼らのうちのひとりが、こう言ったのです。

「何を言っているんだ。利益があがるいいビジネスになったからこそ、こうして売れるんじゃないか。お前はここまでよく育てたよ。これこそ、最高のゴールだよ」と。

そして、こう続けました。

「お前はこの結果に不服そうだけれど、では、お前はいったいいつまでこの会社を続けるつもりなんだ？　お前の考える〝出口〟を教えてくれ」

僕は何も答えられませんでした。なぜなら、僕自身、「出口」を考えるという発想がまったくなかったからです。

日本人は、ビジネスがうまくいくとともに生活レベルがあがっていきます。いい場所に住み、高級車を乗り回すようになるのです。逆にビジネスがうまくいっていないと、それに比例するかのように生活レベルが下がります。

これはなぜでしょう？

それは「出口」を考えていないからです。

ちょっと考えてみてください。

たとえば、ビルを建てる際に、何階建てにするか決めずに建てる人はいますか？　ひとりもいませんよね。

まず、何階建てにするか？　を決め、それに合わせて基礎を打ちますよね。なおかつ、どういうビルを建てるのか？　床の材質は？　壁の色は？　などを事細かに決め、綿密に完成図を描いてからスタートするはずです。

これは、物事を考える際も同じことです。

まず、「出口」から考える。

出口から考えることは、金持ち脳において、基本中の基本中の基本です。

まず、ゴールを決め、そこから逆算して物事を考えていく。常に「逆算思考」をするのです。

出口から考えないと、何もできません。

ゴールがわからなければ、予算も決められないし、戦略も決められない……。

これでは、スタートラインに立ちようもありませんよね。

たとえば、ドライブに行き、高速道路に乗ったとします。

出口が5つあり、料金がそれぞれ違ったとしたらどうしますか？　一番料金が安い出口を選び、そこに向かって進んでいくのではないでしょうか。

出口をあらかじめ決めることで、高速代を安くあげられるのです。金持ち脳の考え方はまさにこれと同じです。

ところが、日本人は出口から考えることが非常に少ないように思います。ビルの建設で考えると、階数をあらかじめ決めるのではなく、「できるだけ高く建てよう！」としているように思えてならないのです。

高校を選ぶ際には、「できるだけいい高校に行こう！」「偏差値を見て、受かりそうな高校にしよう」と考える。大学も受かりそうなところを狙う。

では、大学を卒業して、その出口は？

会社に入って、その出口は？

これからは、すべて「出口」「ゴール」から考えるクセをつけましょう。

まず、出口を考え、そこから「仮説」を立てていく。

その後に、いろいろな角度から検証を重ねていきます。

すると、自ずと「戦略」が見えてきます。

結果とは、「ドキドキして待つもの」ではなく、「すでに決まっているもの」なのです。

まず、「出口」を決め、そこから「逆算」して考える

02 「ブラックシープ」の法則

貧乏脳は、「白い羊」 金持ち脳は、「黒い羊」

ブラックシープ、つまり「黒い羊」を見たことがありますか？

あまり見かけませんよね？

羊はたいてい白です。

この「ブラックシープ」という言葉は、英語のスラングで〝はぐれもの〟とか〝厄介者〟という意味。つまり、「異端児《いたんじ》」のことです。

一見、あまりいい印象を与えない言葉ですし、実際に悪い意味で使われることが多いのですが、僕はむしろこれをいい意味にとらえています。

白い羊の群れの中に一匹だけ黒い羊がいたら、どうでしょう？

いやでも目立ちますよね。

人間もそれと同じ。人と違うところがあったり、人と違うことをしたりすると、必然的に目立ちます。

そのことを不安に思うのか、それとも人と違うことを誇りに思うのか。これは自分の意識の持ち方ひとつで大きく変わります。

僕は小さい頃、いわゆる「落ちこぼれ」でした。何をやっても人と同じことができない。「変わり者」と言われ、先生にはいつも「みんながやっていることなのに、なぜお前はできないんだ」と怒られて、白い目で見られてばかりでした。「なんで俺は人と同じように考え、振る舞うことができないのだろう？」と常に悩み、自分に自信もなく、まるでコンプレックスの塊のような人間でした。「どうせ俺なんて」と卑屈になっているところもありました。

けれど、自分で起業するようになってからは、この考えが一変したのです。

それは、人と違う考え方がビジネスで役立つようになったからです。**人と異なる視点から物事を見られることが、とても強い「武器」に変わった**のです。

多くの日本人は、人と違うことを嫌います。なぜなら、人と違うことをして失敗した際、言い訳ができないからです。そして、大勢の白い羊たちに笑われることが怖いのです。失敗して笑われるくらいなら、自ら白い羊でいるほうがいい、と考えるわけです。

けれど実は、**「ほかの人が経験できない失敗」こそが「自分だけの宝」**になります。

つまり、この「ブラックシープの法則」は、「勇気を持って人と違うことをする」という意味です。

どの世界も、**「成功者」と言われる人たちは約5%**しか存在しないと言われています。つまり、成功者は5%、それ以外が95%というわけです。

そして、この**5%の成功者はみな「ブラックシープ」**です。

100人のうち、95人とは違う選択をしたからこそ成功したのです。

と考えると、**100人中、95人が反対したら、その先には「成功への道」が待っている可能性が高い**と言えるでしょう。

リーマンショックで米国不動産が暴落した時、一目散に逃げていった「白い羊」と、「100年に一度のチャンス到来！」とばかりに、逆に攻めに向かっていった「黒い羊」。どちらが成功したでしょう？ 答えは明白です。

人と同じことをしているだけでは決して成功できません。

もし僕が小さい頃から人と同じようにできていたら、きっと今頃は1／95になっていたことでしょう。そう考えると、「変わり者だ」と言われたことが、今となっては僕にとっての「賞賛」のように思えるのです。

中学3年生の頃、担任の先生に「どうして先生の言うことが聞けないんだ！」とすごい剣幕で怒鳴られたことがあります。その時、僕は思わずこう言い返しました。

「先生の言うことを聞いていたら、僕は学校の先生にしかなれないじゃないか。俺は学校の先生になんかなりたくない！」

僕はあの時、まさしくブラックシープでした。

ちなみに、サッカーの本田圭佑選手もこう言っています。

「何で他人が俺の進む道を決めんねん。自分の道は、自分が決める」。

これもまさに、ブラックシープの考え方だと思います。

「ほかの人が経験できない失敗」こそが
「自分だけの宝」になる！

03 「常識は非常識」の法則

貧乏脳は、常識を重視する
金持ち脳は、常識を打ち破る

僕が渡米した頃、まだインターネットは普及しておらず、書類のやり取りはすべて郵送でした。

ある時、僕は書類を投函《とうかん》するために、表に出ました。

「ポストなんか、通りに出ればすぐに見つかるだろう」と軽く考えていたのですが、これがなぜかちっとも見つからない。道路を歩けど歩けど、まったく見当たらないのです。

「なんでだろう？　アメリカにはポストが設置されていないのか？」などと考えながら、通りを何度も行ったり来たりしましたが、結局一つも見つかりませんでした。

探し疲れ、途方にくれた僕は、道を歩いていた人にカタコトの英語で、「ポストはどこですか?」と聞きました。

するとその人は突然大笑いして、指をさしながら、「君の後ろにあるじゃないか」と言ったのです。

「え、どこにもなかったけれど……」と半信半疑で後ろを振り返ると、そこには大きな青い公共のゴミ箱が……。

と思ったら、実はこれこそが米国の「郵便ポスト」だったのです。

僕は、「ポストは赤いもの」と、はなから思い込んでいました。しかも、郵便マーク(〒)は全世界共通だと考えていたのです。

ですから、赤い〒マークのついたポストを必死に探していました。そのため、青い米国式ポストを目にしても、それを勝手に「ゴミ箱」だと思い込み、完全に視界からシャットアウトしていたのです。これではいつまで経ってもポストは見つからないわけですよね。

あらためて、「そうか、アメリカのポストは青いのか」と思って、歩いてきた道を見直してみると……。あるわあるわ、僕が歩いた道の途中に、ポストは何基も設置されていました。

郵便ポストは**「なかった」のではなく、ただ自分が「気づかなかった」**というだけのことだったのです。

「固定観念」というものは、これほどまでに、自分の目を曇らせて見えなくさせてしまうものです。

これと同じようなことが往々にして起こることがあります。チャンスが自分の目の前にいくつもあるのに、ただ自分の思い込みでひとつのことに心がとらわれ、見逃してしまう。

特に、自分の経験豊富な分野や専門分野にたずさわる場合は要注意です。長年の経験から、「○○はこういうものだ!」という思い込みが、〝新たな発見〟や〝真実〟を曇らせてしまうからです。

今、ここで**もう一度、自分の常識を疑ってみましょう。**

自分の中で「当たり前」だと思っていることを今一度見直してみる。それは心に溜まったゴミを掃除することにつながります。

この作業を無理なくできる方法があります。

それは**「海外に出ること」**です。

海外では、当然日本の常識は通用しません。

たとえば、日本では、「出されたものは残さず食べなさい。食べ物を残すのは、つくった人に失礼です」と言われますよね。

ところが、これを中国で行なうとどうなるでしょう?

残さず食べてしまうのは、家主に向かって、「食べ足りない」と催促《さいそく》していることになり、かえって家主に恥をかかせることになります。中国では食事を残すことこそが常識。残さず食べることはむしろ「非常識」なのです。

同じように、日本の感覚で「当たり前」と思っていることも、海外に出ると決して当たり前ではないことが、世の中にはたくさんあります。

たとえば、ウォシュレット、シャワートイレなどの名称で知られる「温水洗浄便座」。日本では一般世帯での普及率が77・5％に達し、（2015年3月時点）ウォシュレットの累計販売台数は4000万台を突破するなど（2015年7月時点）、かなり一般的になっています。けれど、このトイレ、海外にはあまりないので、日本に来た外国人のなかには購入して持ち帰る人もいるようです。

これも今の日本しか知らなければ、「温水洗浄便座なんて当たり前」として片づけてしまうでしょう。海外に出て、比較することではじめてわかることもあるのです。

このように、常識を打ち破ると、**「チャンスを見つける目」**が養えます。

海外に行くと、いいビジネスチャンスが見つかったりしませんか？

「日本にはあるのに、海外にはないもの」もあれば、「海外にはふつうにあるのに、日本にはないもの」も数多くあります。海外に行った際に、日本では思い浮かばなかったようなアイディアがひらめくこともあるでしょう。

自分の「常識」を疑い、非常識を見直してみると、そこに思いもよらないチャンスに気づくことも多いのです。

あなたの「非常識」は、世界の「常識」かも⁉

04 「ティーカップ」の法則

貧乏脳は、「点」で見る
金持ち脳は、「線」から学ぶ

突然ですが、ティーカップの姿形をちょっと思い浮かべてみてください。小さな持ち手のついたカップが「ソーサー」と呼ばれる受け皿の上にのっています。

ではなぜ、カップの下にソーサーがついているのでしょうか？

なぜ、カップの「持ち手」は指が入りにくく、指と指でつまむような形になっているのでしょう。

考えたことはありますか？

イギリスでは、午後に紅茶を飲みながらお菓子を食べる「アフタヌーンティー」

の習慣がありますが、イギリスの人は「猫舌」が多いそうです。

そこで、昔の貴族たちは、アフタヌーンティーを楽しむ際に、カップから紅茶を直接飲むのではなく、いったんソーサーに移し、紅茶を冷ましてから飲んだそうです。

だから、カップだけでなく、ソーサーも必要だった、というわけですね。

さらに、熱を逃がしやすいようにティーカップは薄いつくりになっています。ティーカップが薄いのには、もうひとつ理由があります。それは、光を通すことで、紅茶の色を鮮やかに見せるためでもあります。

それから、カップの「持ち手」は指が入りにくく、指と指でつまむようになっているのも理由があります。

これには諸説ありますが、その昔、紅茶はイギリスの貴族しか飲むことができませんでした。庶民には手の届かない高貴な飲み物だったのです。当時、貴族の婦人たちは、常に手袋をはめていました。手袋をはめていると、手は滑りやすいですね。カップもうっかりするとスルリと手から抜けて落としてしまいがちです。そこで、指と指でつまむことでカップを滑りにくくした、というのです。

なぜ僕が突然このような話をしたかというと、ティーカップには、今のティーカップの形になる「歴史」があった、ということを言いたかったからです。ティーカップの持ち手が小さいのにも、ソーサーがついているのにも、カップが薄いのも、すべて意味がある。

つまり、**物事には、それぞれそうなった理由がある**のです。

それをなんとなく受け入れるのではなく、「なぜそうなったのか？」と考えてみることが大切、ということなのです。これはすべてのことに通じます。

金持ち脳は、「なぜそうなったのか？」「どうしてこういう事象が起きたのか？」を常に追究します。

なぜかというと、「投資」とは、現在の資産を減らすことなく未来に送り、無事に子孫に継承することにあるからです。そのためには、ある程度の「未来」を予測し、その変化に対応できるだけの対策を打っておかなければいけないのです。

未来を予測するためには、まず歴史をさかのぼり、そうなった「理由」を知ることが重要となります。

たとえば、**ニュースは、「何が起こったか」を知ることではなく、「これから何が起ころうとしているのか」を予測するためのもの**です。ある事象を学ぶだけでは、そこで終わり。その先どうなるか？　という「進化」はわかりません。なぜなら、事象を知るということは、「点」を知るにすぎないからです。

歴史の流れを知っている人だけが、「次」をつくれる。つまり、**「点」ではなく「線」で学ぶことが大切**なのです。

経済にもすべて「理由」があります。それを事象という「点」ではなく、「線」という流れで知ることが必要です。

過去の「歴史」から流れを知ることで、「未来」を予測する力がついてきます。

過去の流れを知るとあなたも「未来のティーカップ」がつくれる

05 「まずは与えること」の法則

貧乏脳は、奪って一時的な利益を得る
金持ち脳は、与えて長期的な利益を得る

僕は、日本から海外に出て、はじめて感じたことがあります。

それは**「日本人の評価がいかに高いか」**ということです。

当時は、世界のいたるところで「ジャパンバッシング」されている、というイメージが強かったので、「日本人は世界から嫌われているんじゃないか。ダメだと思われているんじゃないか」と考えていました。

ところが、それは大きな思い違いでした。実際に海外に行ってみたら、行く先々で日本人の礼儀正しさや誠実さを耳にすることになったのです。戦後、アメリカなどは日本人の優れた民族性に恐れをなして、自分たちに二度と逆らえないような教育をほどこした、という話もあります。

日本の評価が高いという事実を知った時、これまで祖国にまったく興味がなかった僕は、俄然《がぜん》興味がわき、日本について勉強するようになりました。

そこでわかったのは、日本人は正しい歴史観と民族の誇りさえ取り戻せば、間違いなく世界一の能力を備えている、ということです。

そして、それは日本が、そして日本人が人に「与える」ことによって繁栄してきた民族だからだと思うのです。

ここからはあくまでも僕の自論ですが、世界の歴史には、ほかの国から「奪って奪って」征服してきた国と、ほかの国に「与えて与えて」征服してきた国があるように思います。

植民地政策をとっていた欧米諸国は、まさしくほかから「奪って」征服してきた国と言えるでしょう。

一方、日本はほかの国に「与えて」征服してきた国に思えるのです。

そう考えると、もともと日本は「与える」国だと言えます。

それは、神道であげられる「祝詞《のりと》」の中にも示されています。

祝詞というのは、神社でお祓《はら》いなどを受ける際に神主さんが唱えるものです。この祝詞の内容をあらためて読んでみると、「神様、食べ物を与えてくれてありがとうございます。衣服を与えてくれてありがとうございます」という感謝の言葉がたくさん述べられています。

それはつまり、当時の最先端技術や知識を持った人たちが民衆にそれらを教え与えていた、ということを意味します。たとえば、稲作などの食物栽培の技術やさまざまなものを食べられるように加工する技術、食物の保存法、建築法や織物の技法などです。

そこで日本人は、その人たちのことを「神様」として崇《あが》め、さらに、今でもその子孫であると言われている「天皇家」を心から尊敬し、大事にしているのではないでしょうか。天皇家は人に惜しみなく与えることで国民から尊敬され、長い歴史を経てもなお、大事にされる存在となっています。

そう考えると、日本の天皇家と国民との絆は実に深く、距離が近いように思われます。

海外と比較するとよくわかります。

外国の古城を思い浮かべてみてください。たいていは、ものすごい高さの塀に囲われていて、侵入することはおろか、城の姿を見ることさえできないでしょう。外国の権力者は、敵からもさらには民衆からも徹底的に隔離された場所に住んでいたのです。

一方、日本はどうでしょう？

たとえば、京都御所。海外の城に比べるとものすごく塀が低く、すぐに御所が見えますね。そこに天皇が住んでいたのです。手を伸ばせば届きそうな位置と言ってもいいでしょう。それだけ、民衆を信頼していた。そのくらい、民衆と天皇は絆が深かったと考えられるのではないでしょうか。

今でも、天皇は国民が飢えることのないように、毎日お祈りしている、と言われています。東日本大震災の後、天皇は自らの病気を押して被災地にお見舞いに回られました。これは海外の人にはわからない感覚だと言います。

人に与えることで、自らも繁栄していく。

これこそが、日本の姿であり、その結果として、「世界から一度も征服されたことがない国」となったのではないかと、僕は思います。

一方、ほかから「奪って」征服してきた国はどうなったでしょう?

やがて、奪った国からの反発により独立戦争が起き、最終的にはほとんどの国は「独立」しました。つまり、自分が牛耳《ぎゅうじ》ろうとして相手からなにかを奪うと、最後には必ず相手から奪い返される、というわけです。

ここからわかることは、**「一時的ではなく、長期的に利益を得たいのであれば、まずは自分が利益を与えること」**です。

これはビジネスでも同じことが言えます。

奪うのではなく、与える。すると、与えられた人は与えてくれた人のことをずっとありがたく思い、感謝し続けるでしょう。相手にとっての「恩人」にはなっても、「ライバル」にはなりません。

できることなら、10ある利益のうち9を相手に与えて、自分がいただくのは1だけにしましょう。

「たった1だけしか取り分がないの?」と思うかもしれませんが、「1」を100人からもらえば、自分の利益は100になります。

しかも、その状態がずっと続くばかりでなく、みんなに感謝されるという特典付きなのです。

与えることは栄えること

06 「自分から求めない」の法則

貧乏脳は、積極的にアタックする
金持ち脳は、自分を磨いてチャンスを待つ

たとえば今、あなたに好きな女性がいたとします。ところが、こちらがいくら思いを寄せ、恋い焦《こ》がれても、相手はいっこうに自分に振り向いてくれない。

このような場合、どうしたら彼女は振り向いてくれるでしょうか？

「彼女は、なぜ僕の気持ちに気づいてくれないんだ」とばかりに、積極的に彼女にアタックするのは逆効果だと僕は思います。

「自分から強く求めないとやってこない出来事」というのは、まだ自分がそのレベルに達していない証拠なのです。

先の例で言えば、いくらアプローチをしても彼女があなたに振り向いてくれないのは、あなたにまだ彼女を受け入れるだけの準備ができていないからなのです。仮に、万が一、うまくいってつき合えたとしても、長続きしないでしょう。なぜなら、あなたが彼女を満足させるだけのレベルに達していないことがすぐにバレてしまうからです。そして、彼女は二度と戻ってこないでしょう。

だとすれば、いつか彼女が振り向いて、「あの人、ステキだわ」と向こうからやってきてくれるように、まずは自分を磨く準備が大切です。

たとえば、「汚染されて汚くなった川に、昔のように鮭を戻したい」と思ったら、どうしますか？　鮭を無理やり連れてきて川に放しても、また逃げてしまうか、死んでしまうか……。いずれにしても川から姿を消してしまうだけです。

だけど、川をキレイにし、鮭が暮らせるような環境が整ったら、鮭は向こうから戻ってくるはずです。

僕は若い頃、異業種交流会などのパーティーで、著名な人や実力者と名刺交換ができると、「ラッキー！」と思ったものです。

では、この「ラッキー！」の気持ちはいったい何だったのでしょう？

今考えると、それは「この人は自分に何かを与えてくれるかもしれない」「一緒にいたら自分のプラスになるかもしれない」という気持ちだったように思います。

今、僕は年間何千枚という名刺をもらいますが、残念ながら、その相手の顔をほとんど覚えていません。そこで気づいたのです。「僕が若い頃に会った著名な人もきっと、今の自分と同じように僕のことをまったく覚えていなかっただろうな」と。そして、悟りました。

人脈というのは、自分から求めるだけでなく、相手からも求められなければ決して成立しないものだと。

その後、あるパーティーに出席したところ、日本トップの自動車メーカーの社長さんがいらっしゃいました。見ると、その前には、名刺交換を希望する人たちで長蛇の列ができていました。

僕はその列には加わりませんでした。そして、こう思ったのです。

「この列にいる人たちは、かつての僕のように、きっと顔も名前も覚えてもらえないだろうな。僕は今日、あの社長さんとは名刺交換をしない。それよりもまず、この人に名前と顔を覚えてもらえるような人間になろう」と。もっと自分を成長させて、相手の興味を持ってもらえるくらいの人になってから会おう、と決心したのです。

「あの人に会いたい！」と自分から積極的にアプローチしたとしても、相手からも求められなければ意味がありません。「いずれこの人に会うだろう」と思って、自分を磨いて準備していると、いつか本当に会える日が来るでしょう。

これは金持ち脳の考え方にも通じるものがあります。

「〇〇したい！」「〇〇が欲しい！」と思った場合、自ら動くのではなく、どうすれば自分の求めるものが向こうからやってくるのかを考え、そのための環境を整えることが大事なのです。

もし「フェラーリが欲しい」と思ったら、今の自分にできることから準備をはじめることです。買うためにはどうしたらいいか？ を考え、戦略を立て、真剣に準備を進めるのです。たとえ今すぐ買えるお金がなかったとしても、フェラーリ用のガレージを探しはじめることくらいはできるはずです。

やがて、あなたがフェラーリオーナーに相応《ふさわ》しい準備ができた時、フェラーリは勝手にあなたのもとにやってくるでしょう!!

チャンスは一瞬。「待つ」と決めて、今できることから準備をしていると、最高の状態で、それは必ず訪れます。

「欲しい！」と思ったら、求めるものが向こうからやってくる環境を整える

07

「受け入れるチカラ」の法則

貧乏脳は、目に見えるものしか信じない
金持ち脳は、サンタクロースも受け入れる

お化け、UFO、宇宙人……。

あなたは信じますか？　それとも……？

「そんなもの、いるわけがないよ！」と思ったら、ハイ！　その時点で終了。その先はありません。たとえ、もし目の前にお化けがいたとしても、「どうせ気のせいだよ」と流して終わりでしょう。たとえ、空にUFOが飛んでいたとしても、「ああ、飛行機か」と思うだけでおしまいです。

心が否定的になると、せっかく見えているはずのものまで見えなくなってしまいます。

多くの人は、目に見えるものしか信用しません。

けれど、世の中には、目に見えないもののほうが圧倒的に多いのです。
たとえば……、
紫外線や赤外線は目に見えますか？
大腸菌やインフルエンザウィルスが見えますか？
空気や窒素が見えますか？
原子や中性子や放射線が見えますか？
愛や友情は目に見えますか？

サンタクロースだって、実際にはいませんよね。

でも、子どもたちの心の中には確実に存在します。

子どもの頃を思い出してください。

おそらく、サンタクロースはいたのではないでしょうか？　クリスマスイブには、サンタさんが何を持ってきてくれるのか、ワクワクして眠れない人も多かったのではないでしょうか？　手紙を書いたり、「差し入れ」を用意したりした人もいたのではないでしょうか？

また、子どもが「妖精を見た」という話をよく聞きますが、本当に見えているのだろうと僕は思います。

子どもたちの「受け入れるチカラ」は半端ではないからです。

だから、大きな夢を描くことができるのです。

たとえば、メジャーリーグでも活躍した松坂大輔は小学生の頃、作文に「将来、100億円プレーヤーになる」と書きました。周りの大人たちは、「そんなの、できるわけないよ」とバカにすることなく、「あなたならきっとなれる！」と応援しました。

そして、彼は本当に100億円の価値のあるプレーヤーになりました。

このように、「信じるチカラ」というのは、時として絶大な威力を発揮するのです。

そして、「信じるチカラ」は、まず「受け入れること」からはじまります。

しかし、残念なことに、大人になるにつれて「受け入れるチカラ」より「否定するチカラ」のほうが強くなっていくのが現実です。

これは、経験や知識が心の器にまるでゴミのように徐々に積もり、やがて心の容量に空きスペースがなくなってしまうからです。その結果、新しい考え方や意見を聞いても、受け入れることができず、突っぱねてしまうのです。

お化けが本当にいるのか、宇宙人が本当に存在するのか、ということは、ここではさほど問題ではありません。

それよりも「もしかしたらいるかもしれない」「いたらどうなるんだろう？」「そういう考えもありだよね」と**いったん受け入れることが重要なのです。それだけで可能性は格段に広がる**ということです。

実は、チャンスはそこら中に転がっています。ただ、それが「見える」か「見えないか」の差だけなのです。子どもの視点に戻れば、それらがたくさん見えてくるかもしれません。

十数年前、僕が日本ではじめて「米国の不動産投資」についての話をした時、

30人くらいの方が聞きにきてくださいました。けれど、僕に知名度や立派な肩書がなかったせいもあり、ほとんどの方がその話を信じてくれませんでした。けれど、その時、僕の話を信じ、即実行に移してくれた方がたったひとりだけいました。彼は「面白そうだから」という、ただそれだけの理由で、疑いもせずに私が伝えた方法を実践してくれたのです。その結果、どうなったでしょう？

彼は今では、米国に80軒あまりの不動産を所有し、一年の半分はカナダのバンクーバーに、残りの半分は家族でハワイに住んでいます。一方、ほかの29人はおそらく、今でもそれまでと変わらない生活を送っていることでしょう。

このようにチャンスをつかむには、「いったん受け入れるチカラ」が必要なのです。

子どもの目線で見るとチャンスは無限

08

「チャンスはピンチの顔をしてやってくる」の法則

貧乏脳は、最高の時がチャンスだと思う
金持ち脳は、最低の時こそチャンスだと思う

「チャンスはピンチの顔をしてやってくる」

この言葉をよく耳にするかもしれません。

僕の人生を振り返ってみても、本当に的を射た言葉だな、とつくづく思います。

「人間万事塞翁《さいおう》が馬」という中国の故事がありますが、災いが一転して福に転じることが多いのも事実です。

実際に、僕も何度も最悪のどん底を体験しました。

なかでも、最大のピンチは27歳の時にやってきました。

この頃、新しく事業をはじめたのですが、これが予想以上に大当たり！ 面白いほどうまくいき、事業は急激に成長しました。

その結果に、自分自身驚きながらも、「俺ってすげえな」と少々天狗《てんぐ》にもなっていました。

勘違いした傲慢な若者は、他人の意見なんかに耳を傾けるはずもありません。

その時です。事件は起こりました。

欲張って事業を必要以上に拡大しようと頑張ったことが〝あだ〟となり、なんと、一瞬にして全財産の9割近くを失ってしまったのです。

さらに悪いことは続くもので、その直後に社員が20万ドル（当時のレートで約2500万円）もの会社の金を横領する、という事件が発生しました。

聞けば、その社員の親御さんは病気で長期入院をし、借金を抱えていました。その費用の捻出に頭を痛めていたところ、目の前にお金があった。そこで、ついつい出来心で……というわけです。

僕は怒り心頭でその社員を会社の一室に呼び出し、「いったいどう落とし前をつけてくれよう？」と意気込みながら、部屋のドアを開けました。

そこで、目に飛び込んできた景色は……。

頭を床にこすりつけ、泣きながら土下座する社員と、年老いた彼のお母さんの姿でした。

僕は思わず言葉を失いました。

そして、さっきまでの怒りはすっと消え、こう思ったのです。「彼が悪いのではない。むしろ、彼に簡単に罪を犯させてしまった会社のしくみの甘さにこそ原因があったのではないか。罪を犯させるなんて、彼に悪いことをしてしまった」と。

気づけば、僕は彼にこう言っていました。

「たしかに君のやったことは悪いけれど、そのお金は貸したことにするから、少しずつ返してくれればいいよ」

けれどその結果、会社には現金が約4万ドル（約500万円）しか残りませんでした。

僕は正直途方に暮れました。この中から、必要経費とその月の社員の給料を支払うと、手元には2000ドル（約25万円）しかありません。

会社の運営をたった2000ドルでどうすればいいのか？　これでいったい何

ができるというのでしょう?

「あー、もはやこれまでか……」

僕は自分の未熟さを痛いほど感じ、この前まで有頂天になっていたことを恥ずかしく思いました。そして、経営者としての自信をすっかりなくしたのです。

その日の帰り道でのこと。家に向かう途中、ある一枚の看板が目に飛び込んできました。そこはここ数年、毎日の行き帰りに通る見慣れた場所のはずなのに、看板には今まで一度も気づきませんでした。

そこには、

「〇〇〇ビジネススクール　お試し入学$2000」

と書いてありました。

ここの入学金が2000ドル。そして、会社の資金として残ったお金も、これまた2000ドル。

「なんという偶然だろう? 今、ここで使ったら、会社の資金はぴったりゼロになる。よし! これも何かの縁だ。ここで入学したら、また一からやり直しできるかもしれない！」

この看板に何か不思議な縁を感じ、僕は半ばやけくそ気味に入学することを即決しました。

ところが、この行動が僕のその後を大きく変えることになったのです。

そこで学ぶことの一つひとつが僕にとっては、まさに〝目からウロコ〟。すぐに夢中になりました。

その教えのひとつに、「ビジネスでは絶対に〝ウソ〟はいけない!!」というものがありました。

それを聞いた時、僕はハッとしました。

というのも、僕は会社の資金が底をついたということを、まだ社員たちに告げられずにいたからです。

「ビジネスでは〝ウソ〟はいけない。けれど、このまま、社員に黙っていたら、僕はみんなにウソをついていることになってしまう……」

迷いに迷った末、勇気を振り絞って、会社の現状を包み隠さず社員に話すことにしました。

「申し訳ない！　実は今、会社は大変な状況にある。そして、みんなに支払う給料がまったくない状態なんだ」

伝えることは伝えた。あとは、どんな文句もクレームも甘んじて受けよう。僕はそう決心しました。

ところが、社員のみんなは口ぐちにこう言ってくれたのです。

「あんなことがあったあとです、仕方がありません。みんなでその分を取り戻しましょう」「少しくらい給料の支払いが遅れても、僕たちは大丈夫です」「僕たちも一緒に頑張ります！」

みんなに正直に話すことで、弱さや失敗を共有することができた。そして、そのことによって、社員との絆や結束力が強まったのです。

今考えると、この出来事によって、僕は社員に感謝ができるようになりました。そして、傲慢だった自分の考えを改めるきっかけにもなり、結果として今の自分があるのだと思います。

はじめは「とんだ災難に見舞われた！」と嘆いたことも、結果として「財産」に変わったのです。これまでイケイケで突き進んできたけれど、このことによってはじめて、自分たちの会社には「ビジョン」や「戦略」がないことにも気づきました。


「自分たちはどこに向かっているのか？」

「ゴールはどこなのか？」

「どうやってそのゴールにたどり着くのか？」

など、根本的なことを考える、いいきっかけになったのです。


ところで、「ピンチの時こそチャンス」の「チャンス」とは、いったい何のチャンスでしょう？


それは、**「自分を変えるチャンス」**です。

さらには、**「自分の〝意識〟を変えるチャンス」**とも言えます。なぜなら、うまくいっている時には、人は変わろうとなど思ったりしないからです。

つらいこと、大変なこと、最悪の事態が起こった時には、「これは何かのチャンスかもしれない」と考えてみると、そこから大きく道が拓《ひら》けてくるかもしれません。

ピンチの中に、自分を変えるチャンスが隠れている

09 「猿真似」の法則

貧乏脳は、真似るなんて恥ずかしいと思っている
金持ち脳は、進んで人の真似をする

「学ぶ」の語源は「真似ぶ」。つまり、「真似をする」という意味です。

子どもの頃、憧れの歌手や俳優、タレントさんの口調やしぐさ、さらには格好まで真似しませんでしたか？　自分の嫌いな食べ物が憧れの人の大好物だったりすると、頑張って好きになろうと努力したこともあるかもしれません。

このように、「その人のようになりたい」と強く願い、ありとあらゆることを真似し続けると、顔かたちは違っても、だんだんとその人に雰囲気が似てくるから不思議です。

これは子どもだけでなく、大人にも通じることです。

学びたい！　と思うなら、まずは自分の憧れる人、「お手本」「モデル」にしたいと思える人を徹底的に真似ることからはじめましょう。

もしお金持ちになりたければ、お金持ちの真似をするのが一番。それは何も、高級車に乗り、クルーザーを買いましょう、と言っているのではありません。「見た目」ではなく、お金持ちの人の「考え方と行動」を徹底的に真似するのです。

お金持ちの人はどのように考え、どのように行動しているのか、をつぶさに観察し、同じようにしてみる。その考え方や行動が自然に身につくにつれ、次第にお金持ちになる道が拓けてきます。


同じことがビジネスにも言えます。

実際、僕が今やっている不動産投資自体も「猿真似」です。

ただし、真似をする相手が重要です。

何世代にもわたってうまくいっている人たちがやってきたことを真似ているのです。一時期だけうまくいっている人は山のようにいますが、そのような人たちを真似てもうまくいきません。百年以上にもわたってうまくいき続けている人の真似をするから成功する。

そして、これがもっとも確実な方法です。

投資に関しては、「真似しかしていない」と言っても過言ではありません。

そういう意味で、僕が猿真似のよさをもっとも知っているとも言えるでしょう。

たとえば、自分でレストランを持ちたいと思ったら、まずは「こういうお店にしたいな」という憧れの店を見つけましょう。もしくは、流行っているレストランを参考にしましょう。成功しているお店には、一見わからないけれど、必ず目には見えないキラリと光る「何か」があるものです。

はじめは、**その店を徹底的に「パクる」**のです。

「誰かの真似なんて恥ずかしいし、人としてやるものではない」などと思うかもしれませんが、残念ながら「プライド」だけでは飯は食えません。

確実に成功させようと思うのなら、まずは実績を出しているところを徹底的にパクるのです。真似て、真似て、真似て……いいところを徹底的に取り入れていくうちに、徐々に「ここはもうちょっとこうしたほうがいいかな？」とか「ここは少し変えてみよう」など、自分ならではの「オリジナル」が見つかってくるものです。

「猿真似」を追求して、何がいけないのでしょう?

うまくいっている人や店には、うまくいっているなりの「理由」が必ずあります。

これまでも長い歴史の中で、日本は「猿真似」を追求し、海外からさまざまな技術を取り入れ、そのうえで本家の上をいく一流品を多数つくり上げてきました。それはまさに日本人だからこそできることで、日本人の得意とすることです。それは大いにやるべきことだと僕は思います。

「オリジナル」は「猿真似」から進化するものなのです。

「猿真似」を究めると、「オリジナル」が見えてくる

10 「そこそこやれる人」の法則

貧乏脳は、器用で自分一人でできる
金持ち脳は、不器用で人の力を借りる

なんでも器用にそこそこ立ち回れる人というのがいます。

クラスにひとりはいましたよね。勉強も中の上、運動神経もよくて、リレーの選手に3番手として選ばれる。絵もそこそこかけるし、歌も音痴というほどではない。バイオリンもちょっと弾けたりしたら、さらにすごい。

そういう人を見て、「彼はなんでもそつなくこなせていいよね」「苦手なものがなさそうでうらやましい」と思ったこともあるのではないでしょうか。

「そこそこ」というのは、標準以上ということ。何でも「並」以上なので、どんな場においても、なんとなくうまく立ち回れてしまいます。

そして、そこに危機感はありません。それは当然ですよね。なぜなら、何事も「標準以上」にはできてしまうのですから。それほど頑張らなくても、出来の悪い人が必死に頑張るよりよほどいい成績を収めることができるのです。

適当にやっていれば、適当な成果があがるので、もちろん「どん底」を見たこともないし、そこから這い上がろうというハングリー精神も生まれない。

ですから、「もっと上に立ってやるぞ！」という気持ちもわいてこないでしょう。

その結果、どうなるでしょう？

そこそこできるが故に、「それなり」の人生で一生終わってしまうのです。

「器用貧乏」とは、まさにこんな人のことを言うのだと思います。

僕の会社の社員たちを見ていると、ある共通点があります。

それは、入社時に優秀な人は、だいたい入社後、伸びません。最初は誰よりも飲み込みが早く、一見やれるように見えるのですが、面白いことに、その後の伸びがないのです。

その理由を考えてみました。すると、優秀な人たちは、これまで〝そこそこ〟

やってこられたので失敗がない。結果として、圧倒的に経験が足りないのです。
また、そこそこできる人、というのは、自分のスタート地点が「そこそこできる」だから、何かできないことが発生すると、そこで止まって落ち込んでしまう。けれど、できない人、というのは、自分のスタート地点が「できなくて当たり前」。だから、何かできないことがあってもめげることはありません。そして、できるまで、たとえ時間がかかったとしてもやり遂げようとするのです。
実は、人間や会社にとって、「失敗は宝」です。**失敗を修正し、改善してきた時、それが自分の経験**となっていくのです。

では、あなたに質問します。

「そこそこの人生で一生を終わりたいですか？」

この本を手に取ってくださった方ですから、心のどこかに「このままで終わりたくはない」という気持ちを持っているのではないでしょうか。
そう考えると、「そこそこできる」というのは、ちょっと怖いことかもしれません。

もちろん「そこそこの人生で十分！」と思っているのであれば、それもいいでしょう。けれど、「今のままでいいのだろうか？　もっと向上したい」という気持ちがあるのなら、「自分はこれまで〝そこそこ〟できることに安住していなかったか？」と問いかけてみましょう。

そして、これまでなんとなくうまくやってきた、という人は要注意です。

小中高と、中の上くらいの成績を収め、大学も最高峰とまではいかないけれど、「まあ、いいんじゃない」というところに入学。卒業して、まあまあの企業に就職し、それなりの実績をあげる。

一見、なんの問題もない、順風満帆《じゅんぷうまんぱん》の人生のように思えますが、そのままずるずると「そこそこの人生」を歩む可能性大です。

もし、そんな自分を変えてみたいと思うのならば、そこから一歩踏み込んで、何かがむしゃらに打ち込むことを見つけてもいいのではないでしょうか。

ちなみに、僕の会社の採用基準は**「不器用でハートがいい人」**。

そこそこできなくてもいい。愚直にひとつのことをやり続ける人のほうが、プロフェッショナルとして大成するからです。

それに、不器用な人は、自分でできないことが多く、誰かに頼らないとできないこともたくさんあるため、「人を大切にする」というところがあります。それが重要なのです。

一方、そこそこできる人は、自分で何でもある程度できるので、あまり人に頼らない。結果として、あまり人を大切にしない傾向にあります。

もし「大成したい」と思ったら、人の力を借りなければなりません。そのためにも、そこそこできる人よりも不器用な人のほうが、最終的にはうまくいく。僕はそう思います。

失敗が少ない人は、「そこそこ」の人生で終わる

11
「環境を変える勇気」の法則

貧乏脳は、居心地のいい場所に留まる
金持ち脳は、反対されてもステージを上げる

僕の大好きな、ある有名な人の言葉があります。
少し長いですが、ちょっとご紹介したいと思います。

「君には無理だよ」という人の言うことを、聞いてはいけない
もし、自分でなにかを成し遂げたかったら
出来なかった時に他人のせいにしないで
自分のせいにしなさい

多くの人が、僕にも君にも「無理だよ」と言った

彼らは、君に成功してほしくないんだ
なぜなら、彼らは成功出来なかったから
途中で諦めてしまったから
だから、君にもその夢を諦めてほしいんだ
不幸なひとは、不幸な人を友達にしたいんだ

決して諦めては駄目だ
自分のまわりをエネルギーであふれ
しっかりした考え方を、持っている人でかためなさい
自分のまわりを野心であふれ
プラス思考の人でかためなさい
近くに誰か憧れる人がいたら
その人に、アドバイスを求めなさい
君の人生を、考えることが出来るのは君だけだ

君の夢がなんであれ、それに向かっていくんだ
何故なら、君は幸せになる為に生まれてきたんだ
何故なら、君は幸せになる為に生まれてきたんだ

これは、米バスケットボール界のスーパースター、マジック・ジョンソンの言葉です。

僕は大学4年生の時、「アメリカで成功して、アメリカンドリームを掴むんだ!!」と決意し、卒業を10日後に控えながら、退学をして渡米することにしました。

周囲はみな、猛反対。

「お前は何を血迷ってんだ!! 考え直せ!!」

「何考えてるんだ。無茶はやめろ!」

「現実はそんなに甘くないぞ!」

と口ぐちに言いました。

その後、学生ビザで渡米した僕がアメリカで会社を興そうとした時、周囲はみな、

「学生ビザで会社をつくれるわけがない！」

と猛反対しました。

さらに、僕が新聞広告を使って事業資金を集めようとした時、周囲はみな、

「お前、バカじゃないのか？　そんなこと、無理に決まってるだろ!!」

と笑いました。

25歳の時、35万ドル（当時のレートで約4000万円）のローンを組み、50万ドル（約5700万円）の不動産を買おうとした時、周囲はみな、

「返済できるわけないだろ？　やめとけ!!」

と言いました。

僕は周囲の反対を押し切って、全部やり通しました。

そして、それらを全部やり遂げることができました。

アメリカで成功を収めることもできたし、学生ビザを持ちながらアメリカで会社を興すこともできたし、新聞広告を使って事業資金を集めることにも成功しま

した。さらには、35万ドルのローンを組んで、50万ドルの不動産を購入し、ローンもきちんと返済し終えることができました。

そして、その時に僕の行動に反対した人たちは、今、誰ひとりとして僕のそばにはいません。

日本からアメリカへ……。

留学生から経営者に……。

経営者から投資家へ……。

僕は、自ら進んで環境を変えていきました。

しかし、環境を変えるたびに、前の仲間とはだんだん疎遠になっていきました。話がまったくかみ合わないのです。自分の話も相手に通じないし、相手の話も自分の心に響かない。一緒にいても、ちっとも楽しくないのです。

「どうしてだろう？　俺はどうかしちゃったのだろうか？」

一時期は、自分のそばからどんどん仲間が離れていっているような錯覚に陥り、ひどく悩みました。

そんな時、冒頭にあるマジック・ジョンソンの言葉に出会ったのです。

まさに、この言葉の中に答えがありました。

みんなは僕に成功してほしくなかったんだ。

彼らが夢を諦めたから、僕にもその夢を諦めてほしかったんだ。

「そんなこと、できるわけがない」と、みんなが僕に口々に言って反対したのは、実はみんなが僕に「そんなことできてほしくない」と思ったからなのです。

そして、僕が一つひとつ、夢をクリアし、ステージを上げるたび、みんながついてこられなくなってしまったのです。

そう思ってあらためて考えてみると、昔の仲間がいなくなった代わりに、僕には新しい仲間ができていきました。

そうです。自分が成長すると、それに応じて周囲のレベルも上がり、周囲の仲間も変わってくるのです。

正直、僕も不安でいっぱいでしたし、勝算があったわけでは決してありません。

そのままの環境にいたらいたで、それなりに居心地がいいし、仲のいい仲間たちもたくさんいました。

「なにも、あえて誰も知らない、どうなるかわからないような場所に飛び込んでいく必要などないのではないか？」

と思ったこともあります。

でも、そのたびに勇気を振り起こしてステージを変えたことで、大きく成長することができたと思っています。

たとえ周りにどれだけ反対されようと、ひるまないでください。

環境を変えることを恐れないでください。

勇気を持って、新しい世界に飛び込んでみてください。

そこでは、必ずグレードアップしたあなたに会えるはずです。

人が反対するのは、あなたに成功してほしくないから

12 「濁った水たまりのカエル」の法則

貧乏脳は、〝人〟を変えようとする
金持ち脳は、〝自分〟を変えようとする

これは僕が師匠から聞いた話です。


ある小さな水たまりに1匹のカエルが住んでいました。

ある日のこと。この水たまりに、別のカエルがやってきました。それは、数年前にこの水たまりを出て行ったカエルでした。

その立派でキレイな姿を見て、小さな水たまりに住むカエルは自分の体がひどく汚れていることに気づき、あわてて体を一生懸命洗いました。

ところが、またしばらくすると、なぜか体が黒く汚れているのです。カエルはあせってまたゴシゴシと体を洗いました。

けれど、キレイになったのもつかの間、ちょっと時間が経つと、いつの間にかまた体は汚れていました。

そこで、そのカエルはようやく気づきました。

自分が住んでいる水たまり自体が汚く濁っていることに。そのため、そこにいるだけで自分の体は勝手に黒く汚れてしまうのです。

カエルはこのことをみんなに伝え、「この濁った水たまりをキレイにしよう!!」と訴えました。

しかし、誰も賛同してくれません。それどころか、「今のままで十分居心地がいいんだから、余計なことはしないでくれ!」と逆に文句を言われてしまう始末です。

カエルは「どうか、この水の汚さに気づいてほしい」と、諦めずに訴え続けました。けれど、いっこうにみんなの理解を得られず、とうとう「あいつは頭がおかしくなった」と後ろ指をさされ、仲間はずれにされてしまったのです。

「ここにいつまでいてもいいことはない」と考えたカエルは、勇気を振り絞ってこの水たまりを出ることにします。

どんな天敵がいるのかもわかりません。住んでいた水たまりよりもいい場所が見つかるという確約もありません。正直、不安と恐怖でいっぱいです。それでも、出ていくことを決意したのです。

しばらく進んでいくと、大きな水たまりを見つけました。

そこは、水が潤沢にあり、しかもキレイに透き通っています。これまでの黒く濁った水たまりとは比べ物にならない美しさです。

「ここはいい！」そう思ったカエルは、元住んでいた場所に戻り、「すばらしい水たまりがあるから、みんなで行こうよ！」と必死に誘いましたが、誰ひとり信じてくれませんでした。

「また、そんなことを言って！」

「どうせウソに決まっている！」

と、しまいには、みんなから「ウソつき」呼ばわりされてしまったのです。

ひとりでトボトボと大きな水たまりに戻ったカエルは、誰にも信じてもらえなかった自分の無力さを嘆きました。

その時、「どうしたんだい？」と、どこからともなく年老いたカエルが現われ、カエルに声をかけました。

カエルは事の顚末《てんまつ》をすべて話しました。

すると、年老いたカエルはこう言ったのです。

「**力のない正義は無力なんだよ。**まずは、お前自身が力をつけることじゃ。自分に力がないと、他者《ひと》に力を与えることはできないだろ？　そして、お前が幸せになることじゃ。自分が幸せじゃないと、他者を幸せにすることなんかできないんだよ。

他者を変えようとする前に、**まずは、お前自身が変わることが大切じゃ**」

その言葉を聞いて、カエルはハッとしました。

「自分が変わること……。僕は自分に説得する力もないのに、一生懸命、他者を変えようとしていたんだ。大切なのはまず、自分を変えることだったのだ……」

年老いたカエルは、最後にこう言いました。

「お前は、立派なカエルを見て、自分の汚れに気づいたんじゃろ? そのカエルは、お前に何か言葉で伝えたのか?」

「いいえ。相手を見て、僕が勝手に気づきました」

「じゃったら、お前もみんなから尊敬される立派なカエルになればいい」


この物語から、僕はたくさんの気づきをもらいました。

人を説得したいのなら、まずは自分がその〝お手本〟となることが一番。

自分に力がなければ、人に力を与えることはできない、ということを……。

あなたも、何かを変えたいと思ったら、まずは「自分自身」から変えてみましょう。そこからすべてがはじまるはずです。

人を幸せにしたいなら、まずは自分が幸せになろう

13 「頑張らない」の法則

貧乏脳は、必死に頑張る
金持ち脳は、頑張らない

「こんなに必死に頑張っているのに、ちっともうまくいかない……」

と嘆いている人を見かけます。

でも、そう言っている人に限って、こんなことを言います。

「なんでいい加減にやってるあいつがうまくいって、こんなに必死に頑張っている俺がうまくいかないんだ。神様は不公平だ!!」

でも、僕は思います。「必死」という文字は、「必ず死ぬ」。

死んでしまってはどうしようもないですよね。

むしろ、いい加減のほうがうまくいく。だって「良い加減」ですから。

しかめっ面して辛そうに頑張っている人は、たいてい自分の限界ギリギリのことをやっています。つまり、余裕がないのです。

一方、同じ頑張っている人でも、笑顔で楽しそうにやっている人は、自分で無理なく確実にできることを、魂を100％込めてやっています。

実は、僕自身は**必死に頑張ったことに対しては、ことごとくうまくいっていません。**

僕は小学校から野球をやっていましたが、小学校、中学校とも練習などしないで適当に遊んでいても、余裕でレギュラーとして活躍していました。

ところが、高校に行ったら、状況は一変したのです。

その高校の野球部は、毎年甲子園を狙うようなところだったので、部員ももちろん精鋭ぞろいでした。僕はちょっと焦って、夜に走り込んだり、素振りの練習をこっそりしたりと、突如「闇練《やみれん》」をはじめたのです。そのようにして、なんとか必死でレギュラーの座を死守しました。

ところが、いざ部活の時間になると、適当に遊んでいるのに余裕でレギュラーをモノにしているやつがいるのです。

さらに、高校3年になった時、新しく入ってきた1年生の新入部員にあっさりと自分のポジションを奪われてしまったのです。

その事実に直面した時、「努力嫌いの俺がこんなに努力しているのに！　これって、俺の限界なんだな」と実感。その瞬間、あれだけ好きだった野球が一気に苦痛に変わったのです。そんな時、悪いことは重なるもので、無理がたたったのかケガをしてしまいました。「ああ、これでダメだな……」。

僕の高校の野球人生はこうして幕を閉じました。

100％の力を出してやればやるほど、自分も疲れてくるし、余裕もなくなります。若い頃であれば、「青春の甘酸っぱい思い出」として記憶に残しておけばいいでしょう。けれど、社会に出てからは違います。

誰かのスピードに、自分を必死に合わせる必要などないのです。

自分が「100メートル走の選手」タイプなのか、「マラソン選手」タイプなのかによっても異なってくるでしょう。

マラソン選手が100メートル走の選手と張り合って、最初から飛ばしてもうまくいきません。

これと同じこと。

「あいつのほうが昇進が早い」と焦って、しゃかりきになっても意味がないのです。

たとえば、必死に頑張れば1週間でなんとかなりそうな仕事を引き受ける場合。あなただったらどうしますか？

「できるかな、どうかな？」と不安に思いながら、できるだけ早いほうが相手も喜ぶだろうと、ギリギリのラインで「1週間で終わらせます！」と言いますか？

それとも、「この仕事は2週間ほどお時間をいただきます」と言って、実際には少し前倒しの10日後に終わらせますか？

私だったら、後者を選びます。

自分がいくら100％の力で頑張ったとしても、お金を払うお客様の満足度が

100%でなかったら、まったく意味がないからです。

それに、自分の持っている力を100%出し切ってしまうと、何かあった際に修正したり、ふたたび頑張る余力はもう残っていません。

けれど、50%の力でやっていれば、何かあっても対処できる力があと50%残っています。

頑張りすぎずに、まずは50%の力でできることを確実に、そして丁寧に積み上げていく。

「何事も余裕を持ってやる」。

この気持ちが大切です。

たとえ、あなたが100%の力を出し切っても、相手が100%満足しなければ意味がない

14 「ゴムひも」の法則

貧乏脳は、物の「価格」に注目する
金持ち脳は、物の「価値」に注目する

以前、僕は「銀」で大儲けをしたことがありました。

僕の師匠が銀をずっと買い続けていたので、僕も真似して、2000年頃から少しずつ買っていました。

それから10年後、師匠が「銀を売る」というので僕も真似して売ることに。すると、どうでしょう？　銀の価格は4倍にもなっていたのです。

ちなみに師匠は、1992年から銀を買っていたそうです。

その頃から比べると、なんと銀の価格は5倍にもなっていました。

ある時、僕は「なぜ師匠は相場が読めるのですか?」と聞いてみました。

すると、師匠はこう言ったのです。

「私は相場が読めているわけではないよ。ただ、銀の市場価格が『本来の銀の価値』よりも安いと思ったから買い、今は『本来の銀の価値』よりも価格が上がりすぎていると思ったから売っただけ。当たり前のことを当たり前に行なっただけだよ」

さらに師匠はこう続けました。

「**投資家は、〝価格〟ではなく、〝価値〟に注目するんだ。**価値は一定だけれど、価格は需給のバランスによって大きくぶれる。だからこそ、本来の〝価値〟を見極めることが大事なんだよ」

そして、もうひとつ、重要なことを教えてくれました。

「**自然の摂理で、上がりすぎたものはやがて下がるし、下がりすぎたものはやがて上がる。**これは『**ゴムひもの法則**』と言うのだ。覚えておきなさい」

ゴムひもは、伸ばしても必ず元のフラットな位置に戻ろうとしますよね。そして、伸ばせば伸ばすほど、勢いよく戻ろうとします。

たとえば、優秀な会社なのに、異常に株価が低かったり、昨今の日本のように、経済がよくもないのに円高になったり……。

本来の価値より低いものはやがて高くなります。

本来の価値よりも高いものはやがて低くなります。

すべては「ゴムひも」のように、いずれは、フラットな位置を目指して戻っていくと予測されます。

ということは、何が重要かというと、**「どこが〝ゼロ（フラット）〟の地点なのか」**を知る、ということ。それはつまり、「真の価値を見極めること」でもあります。

たとえば、今、1ドルは何円くらいが妥当だと考えますか？

「1ドル＝100円が妥当」と考える人がいたとします。

つまり、100円＝ゼロ、ゴムひもで言えば「フラットな地点」ということです。

そこから考えると、1ドルが100円を切った状態は安く、100円を超えると高いという判断ができるわけです。

そう考えると、例えば1ドル＝80円だとすると、ゴムひもが下に引っ張られた状態。円高が進めば進むほど、ゴムひもを下いっぱいに伸ばしているのと同じことになります。そして、その状態は長くは続きません。いつか必ず、勢いよく戻る日がくると予測されます。

投資家はあくまでも、「ゼロ地点（本来の価値）よりも高いか低いか」を元に考え、低かったら買う、高かったら（もしくはゼロになった時点で）売る、というモノの考え方をします。

それが一般の人から見ると、「人よりも半歩先に行動している」ととらえるのかもしれません。

投資家は決して金融大手などに給料をもらっている高名なアナリストなどの意見で動いているのではなく、自分の目で判断し、さらにリスクを最小限に考えて動いているから「損をしない」のです。

本来の価値を見極めろ！

15 「AorBではなくCという選択」の法則

貧乏脳は、一時的な利益を考える
金持ち脳は、トータルでの利益を考える

マーケティングの例題の中に、こんなたとえ話があります。
投資だけでなく、ビジネスを行なう際や問題解決をする際には、僕が必ず使う考え方でもあります。

ある商人が、とある南の島にやってきました。
そこには先住民が住んでいました。
洋服は着ていましたが、靴は誰ひとり履いていませんでした。
それを見てその商人はどう思ったでしょう？

A.「誰も靴を履いていないから、これはビジネスチャンスだ！」と考え、先住民のみんなに靴を売る

B.「誰も靴を履いていないということは、靴の需要がない。これは売れない」と考え、靴を売らない

あなただったら、どうしますか？

Aでしょうか？　それともBでしょうか？

僕なら、AでもBでもなく「C」という選択肢を選びます。

それは、**「靴をタダで与え、靴の修理屋を開く」**というものです。

それはなぜでしょう？

もしかすると、先住民は靴が何であるかを知らないかもしれません。ですから、いくら靴を売ろうとしても、お金を出してまで買おうとは思わないかもしれません。そこで、まずは「靴をタダで与え、普及させること」から考えるのです。そして、靴が自分たちの生活に必要不可欠なものであるように習慣づけるのです。

毎日靴を履くうちに、靴底に穴が開いたり、かかとがすり減ったりするでしょう。そこで、靴の修理屋で修理が必要になります。また、1足の靴を履いているうちに、より機能的な靴が必要になったり、もっと高級な靴が欲しいと感じるようになったりもするかもしれません。また、雨が降ったら長靴が欲しいと思うようにもなるでしょう。さらには、靴下を必要と感じるかもしれません。

このように、はじめは靴をタダであげて、まずはインフラを整える。修理代を支払ってもらうことで、延々とお金は取れる。さらに、周辺のグッズを買ってもらうことで少しずつ儲ける、というわけです。

これはかつて、携帯電話会社がこぞって、携帯電話をタダで配ったのと同じ戦略です。まずは、携帯電話を普及させ、携帯電話がなくては生活できない状況をつくる。その後、機種代やより性能のいいものを求める人などから少しずつ稼いでいく、というわけです。

「タダで靴を与える」というのを、目先のことだけを見て考えると、「靴を配るだけでは損をしてしまうのではないか？」と思うかもしれません。けれど、もっと長い目で見て、最終的にマーケットが広がり、少しずつお金を取れるということが重要なのです。

投資家は「目先の利益」ではなく、「トータルでの利益」を考えるからです。

これは、「ゴール」から考えるからこそできることとも言えます。

ちなみに、投資の儲け方には、大きく分けてふたつあります。

ひとつは「キャピタルゲイン」そして、もうひとつが「インカムゲイン」です。

「キャピタルゲイン」は自分の持っている資産を売って手放さないとお金にならないもので、代表的なものには「株」や「不動産売買」などがあります。

一方、「インカムゲイン」は不動産でいうところの「家賃」。資産を売って手放さなくてもお金が入ってくるものです。

たとえば、ニワトリを売って商売している人は「キャピタルゲイン」を得ている人。そして、ニワトリを飼い、卵を売って商売している人は「インカムゲイン」を得ている人です。

カーディーラーは車を仕入れ、それを売っているので、「キャピタルゲイン」を得ています。

一方、タクシー会社はどうでしょう？　車を仕入れますが、それを売るのではなく、車を走らせることによって商売にしています。これは「インカムゲイン」を得ているのです。

そして、キャピタルゲインばかり狙うのは、どちらかというと「貧乏脳」の考え方。

金持ち脳は、基本的に「インカムゲイン」をメインで狙うのです。

ニワトリを売るより、ニワトリの「卵」を売れ！

16 「男脳と女脳」の法則

**貧乏脳は、「あの人は話がわからない」と言う
金持ち脳は、相手によって伝え方を変える**

よく言われていることでもありますが、女性の思考回路と男性の思考回路は明らかに違います。

女性はまず「共感」を求めるのに対し、男性はまず「結論」を求めます。

ですから、何か相手を説得しようとする場合には、相手が男性か？　女性か？によって、話す順番を変えることが大切だと思います。

女性に話す場合には、順を追って話します。

なぜなら、女性は理論的だからです。ひとつずつ納得しないと、次に進みません。

わからないまま、次の話題に移るのがイヤなのです。「○○だから△△。その

結果、こうなります」という順序を重視します。

一方、男性と話す際には、「結論」を先に話します。

男性に順を追って話すと、「なんでそんな話をはじめるのか？　いったい何が言いたいのか？」が気になるのです。けれど最初に「結論」を聞くと、安心して最後まで聞けるのです。

これは、単に性別の問題ではなく、女性的な面が強い男性には女性に対して話すようにするといいでしょう。

話がうまい人や本当に一流と言われている人はこれを必ず行なっています。

たとえ、どんなにいい情報を知っていても、**相手に「正しく伝える力」がなければ何の意味もありません。**

そのためには話す順番も重要となってくるのです。

よく「あの人は話がわからない」などと言いますが、それは相手が悪いのではなく、相手に合わせて話ができない自分が悪いのです。

ですから、通り一遍に話をするのではなく、たとえ同じ内容でも、相手やキャスティングによって話し方を変えるのは非常に大切なことです。

女性には「順」を追って、男性には「結論」から話す！

Step 2

「金持ち脳」をつくる、毎日の習慣術

目線をちょっと変えるだけで、
お金に好かれる人になる！

17 「2・6・2」の法則

貧乏脳は、ムダを〝なくそう〟とする
金持ち脳は、ムダを〝生かそう〟とする

会社や学校など、集団で集まると、おおかた「できる」「ふつう」「ダメ」の割合で「2・6・2」に分かれると言います。

そして、たいていの場合は、2割の「ダメ」は切り捨て、それ以外の「できる」「ふつう」の人たちをいかに育てるか？　に注力するのではないでしょうか。けれど、それはもったいないと思うのです。

僕は、「ダメ」なヤツの上手な使い方こそ、その集団の飛躍を大きく左右すると思います。ダメなヤツにはダメなヤツなりの使い方があるはずです。

特に、ダメなヤツがいることでほかの人が生きてくる、という効果もあります。

6割にあたる「ふつう」の人は「自分よりも下の人がいるのだ」という気持ちから頑張れたりするのです。

また、ダメなヤツほど使えることもあります。

特に会社の状態が悪くなった時こそ、ダメなヤツが生きてくるのです。

僕が考える「いい会社」というのは、会社の状態がいい時にはバラバラでも、会社の状態が悪くなった時に結束します。

一方、「悪い会社」というのは、会社の状態がいい時には結束しているのに、会社の状態が悪くなった時にバラバラになります。

僕の会社でこんなことがありました。

会社の業績が悪化した際、優秀と言われる社員は次々と転職してしまったのです。おおかたはライバル会社からの引き抜きです。会社の状態が悪くなるとバラバラになる。まさに「悪い会社」の典型ですね。

ところが、こんな時、ダメなヤツはほかのところで使ってもらえないこともあって、業績が悪化したあとも変わらず僕の会社に残ってくれました。

では、ダメなヤツはずっとダメなままだったでしょうか?

それが違いました。

これまで、優秀なヤツがやっていたことを代わりに担当してもらったところ、むしろ優秀なヤツよりも優秀にやりとげたのです。

これまで、彼らが「ダメなヤツ」だと思っていたのは、実は、単に彼らが能力を発揮する場がなかっただけでした。これは彼らに活躍できる場を提供してあげなかった経営者である僕にも責任があったと思います。

また、彼ら自身も「どうせ自分は期待されていないし……」と卑屈になっていたところもあるのでしょう。

このように、ダメと思われているヤツも、やらせてみると予想外の力を発揮することがわかったのです。

そう考えると、「あいつはダメだ」と2割を切り捨てるのではなく、活躍の場を与えてみる。

これが、金持ち脳に必要なことだと言えます。

金持ち脳では、「ムダをなくす」のではなく、「ムダを生かす」のです。

「ダメ」なヤツを生かしたいなら、活躍の場をつくってあげよう

18 「情報は量より質」の法則

貧乏脳は、「過去の情報」で判断する
金持ち脳は、「真の情報」を読み取る

最近は、インターネットの普及によって、世界各国のありとあらゆる情報をリアルタイムで手に入れられる時代になりました。さらに、個人でもブログや動画を簡単にネット上に公開できますし、さまざまな分野の人がその業界ならではの「ウラ情報」を発信したりもしています。

これまで私たちが知り得なかった、生きた「情報」が次々と海を渡って伝わってくることも。このようにタダで受け取れる「情報」が多くなったことにより、以前よりも私たちが受け取る情報量は格段に増えました。

現代を生きるうえで「情報」はとても大切なものです。

しかし、それは同時に大変キケンなものでもあります。

「情報」は時には人の命を救いますが、一方で人の命を奪うこともあります。

「情報」は、僕たちの意識を〝洗脳〟することもあるのです。

以前話題になった内部告発サイト「ウィキリークス」などは、ひとつの国家をも揺るがすほどの威力をもたらしました。「情報」は味方につけると最強ですが、敵に回すと非常にやっかいなものなのです。

では、どうすれば「情報」を味方につけることができるのでしょうか？

それは「真の情報」を得ることです。

では、「真の情報」って、いったいなんでしょう？

僕はそのことを、アメリカで仕事上の先輩から学びました。

僕はある時、ある資料づくりを先輩に頼まれました。

出来上がった資料を持っていくと、先輩に「この資料の情報源は？」と聞かれたので、「今日の朝刊です」と答えました。

すると、「アホか!! こんな情報、世界中の誰もが知っているものだから意味がないんだ！」とものすごい剣幕で怒鳴られました。

そして、こう言われたのです。

「これはただの〝インフォメーション〟だ。いろいろな情報から未来を読んでこそ、〝真の情報〟なんだよ。そのインフォメーションをいったん自分の頭の中に入れ、お前の脳ミソを通して〝真の情報〟を読み取ってから持ってこい!!」

「過去の情報は、未来を読むための材料にすぎない」というのです。

新聞に載っている「原油価格が高騰!」という記事はすでに「結果」でしかない。その結果を今から変えることは不可能です。

けれど、今後その影響が及ぶところには何らかの対策が打てるし、もしかするとそこには大儲けのチャンスが潜んでいるかもしれない。

つまり、「これから、どんなところに、どんな影響が出るのか?」という**未来を読むクセをつけろ**というわけです。

たとえば、**「原油高が続く」**としたら、そこから考えられることは……

↓ガソリンの値段が上がる

↓自動車メーカーの業績が悪化
↓市場の40%以上のプラチナが、車のマフラーの部分に使用
↓プラチナの需要が減少
↓プラチナの価格の下落……

となります。

また、「情報」は使い方によっては、「薬にも毒にもなる」と教わりました。時に「情報」は、人を欺《あざむ》くために流されることもあります。

商売上の利益や宗教の勧誘のため、「洗脳目的」で戦略的に流される情報もあるのです。これらに惑わされないように、そしてうまく味方につけられるよう、取捨選択していかなければなりません。

これからの時代に求められるのは、「information（インフォメーション）」ではなく「intelligence（インテリジェンス）」です。

この違いはなんでしょう？

前者は誰にでも平等に得られる情報であるのに対し、**後者は信頼できる仲間からのみ得られる情報**を表わします。

ちなみに、アメリカの情報機関のひとつである「CIA」（アメリカ中央情報局）はCentral Intelligence Agencyの略です。CIAの「I」は、「インフォメーション」の「I」ではなく、「インテリジェンス」の「I」なのです。

私たち投資家はたくさんの情報を収集しますが、**「どんな投資話か？」よりも「誰から来た話か？」**を重要視します。その話の信頼性や信ぴょう性は、「誰から来た情報か？」を知るだけで十分わかります。

投資家は、**知らない人からいい投資話など絶対に来ない**ことを知っています。

みなさんも、知らない人を儲けさせるくらいなら、まず自分の身近な人を儲けさせたいと思いませんか？　そもそも身内に持っていけないような儲け話は、「あやしい」のです。

そして、テレビの報道を鵜呑みにするのも非常にキケンです。

特に、日本のマスコミは「マスゴミ」と呼ばれ、残念ながら世界からは最低の評価を受けています。

高い通信料を支払って情報を流すからには、お金をかけるなりの意図が必ずあります。ですから、「テレビや新聞で伝えられていることはすべて正しい」と、はなから信じるのではなく、「そのウラ側にはどんな意味が込められているのか？」を考える必要があるのです。

たとえば、日本では民衆を弾圧する独裁者として報道されていたリビアの故・カダフィ大佐ですが、自国リビアや多くのアフリカ諸国では〝英雄〟としてもてはやされていました。ところ変われば、人の扱いや評価も大きく変わります。

一方的な情報だけを信じるとキケンです。

むしろ、「反対意見」こそが重要なのです。

イタリアの政治思想家・マキャベリもこう言っています。

「天国に行くのにもっとも有効な方法は、地獄へ行く道を熟知することである」

日本国内のニュースは、アメリカのＣＮＮやＮＢＣ、イギリスのＢＢＣ、共同通信など、いわば西側諸国に偏った報道がそのまま流れています。

僕は、それに対抗する国の報道、つまり、ロシアやイランなどの報道をいくつか比較し、その中から、最終的には自分で「真の情報」を判断することを習慣にしています。

ちなみに、ウェブサイトで使用されている言語の大半は「英語」。日本語はたった数％にすぎません。先にお話ししたロシアやイランなどの情報も、英語で書かれたものが必ず存在します。ですから、英語がわかれば、情報量は格段に増えると言っても過言ではないでしょう。

Follow the money.（真実を知りたいならお金を追え！）

19 「水道の3つの蛇口」の法則

貧乏脳は、情報をそのまま受け取る
金持ち脳は、身近なものに置き換えて理解する

今の経済に関する問題は、いろいろなニュースや新聞を見ても、なんだか小難しくてわかりづらくありませんか？

たとえば、円高円安などの話は、実は意外と予測できるものなのです。もちろん、ＦＸやデイトレードを行なう人のように、刻一刻と変わるものを予測するものではありません。僕は経済学者ではないので、詳しいメカニズムまで分析することはできませんが、円高円安の大きな流れを知ることはできます。

僕はそれを「水道の蛇口」にたとえて、よく話をしています。

世界には、「四大通貨」と言われる４つの通貨（米ドル、ユーロ、英ポンド、日本円）があります。国際間で取引されているのは、これら「ＳＤＲ」と呼ばれるもので、たとえばＩＭＦ（国際通貨基金）からギリシャなどの財政難の国にお金を入れる際には、ドルでもユーロでも円でもなく、この４つの通貨の組み合わせになります（２０１６年10月から中国元が追加予定）。

僕が世界のお金の大きな動きを考える際、ポンドはちょっと特殊なので置いておき、ドル、ユーロ、円、それぞれの「蛇口」があると考えます。ちなみに、ユーロにはふたつの蛇口があります（ＥＵ加盟各国がそれぞれ持つ「中央銀行」と、それらの上にある「欧州中央銀行」のもの）。

おおまかに言えば、**蛇口が閉まっているところにお金が集まりやすい**傾向にあります。もちろん１００％ではありませんし、例外はありますが。

では、２０１０年ごろに円高だった時のことを考えてみましょう。

当時、アメリカはリーマンショック後の措置として、大量な量的緩和を行ないました。つまり、蛇口を全開にしたのです。

その頃、日本では、当時の日銀総裁白川方明氏が頑《かたく》なに円の蛇口を閉めていました。ヨーロッパは二重の蛇口と言われているのと、基本的にドイツが仕切る緊縮財政によって、ユーロの蛇口はかたいと言われています。

このように、円の蛇口=「閉」、ユーロの蛇口=「閉」、米ドルの蛇口だけが「開」の状態になったため、円高、ドル安の1ドル=100円前後になりました。

ところがその後、ギリシャ危機が起こり、ユーロのかたい蛇口を開けざるを得なくなったのです。そのため、ドル、ユーロの蛇口=「開」、円の蛇口だけが「閉」の状態になったのです。このことにより、世界中から日本にお金が集まり、1ドル=80円と一段と円高が進みました。

それから、ヨーロッパではギリシャ危機がいったん収束したため、ユーロの蛇口を閉めました。米ドルの蛇口は「開」、円の蛇口は「閉」です。このため、ユーロも少し戻り、株価も上がりました。けれど、これはヨーロッパの経済がよくなったから株が上がったわけでは決してありません。蛇口を閉めたことがひとつの要因となっているように思います。

その後、アメリカが徐々に蛇口を閉めはじめ、一方日本ではそれに合わせるかのように、「黒田バズーカ」によって大きく蛇口を開けました。これからお金はどのような動きを見せるのでしょう。みなさんも少し予測してみてください。

テレビなどでは毎日のように、株価や為替が話題になっていますが、株価や為替は「現象」「結果」に過ぎないので、僕は一切気にしません。

ニュースで大事なのは、その事象から「何を読み取るか？」ということです。

一見わかりにくいことでも、身近なものに置き換えてイメージしてみれば、「真の情報」を得ることができます。

まずは、難しいことは、わかりやすいことにたとえて考えてみましょう。

シンプルに考えたものが勝ち！

大きな流れを知っておくと小さな異常に気づきやすい

20 「マスターマインド」の法則

貧乏脳は、「ネガティブ」なほうを選ぶ
金持ち脳は、「ワクワク」するほうを選ぶ

「マスターマインド」とは「潜在意識」とも呼ばれるものです。

よく言われていることでもありますが、「行動」を変えるにはまず「意識」から。いくら身につけるものを変えたとしても、意識が変わらなければ何も変わりません。

たとえば、ある人が車で事故を起こしてしまい、新しい車に乗り替えたとします。けれど、いくら車を替えたとしても、「もう事故を起こさないよう、気をつけよう」というドライバーの意識が変わらなければ、何も変わりません。再び事故を起こすだけです。

大事なのは「意識」です。つまり、「マスターマインド」に刻み込むことが重要なのです。

「人は1日に6万回思考している」という話を聞いたことがあります。ということは、1時間に2500回、1分間に41回思考していることになりますね。ちなみに、そのうち80％はネガティブな思考だそうです。

さらに、脳は1日に10万回**「自問自答」を繰り返している**と言います。10万回！

ということは、1時間に4166回、1分間に約70回自問自答している計算になりますね。無意識のうちにこれだけ思考と自問自答を繰り返しているとなれば、「マスターマインド」によって、人生は大きく変わると言えるのではないでしょうか。

意識が変わると、行動が変わる
行動が変わると、習慣が変わる

習慣が変わると、環境が変わる
環境が変わると、周囲が変わる
周囲が変わると、人生が変わる

どんな小さい成功でも、積み重ねていくことで意識の変化につながっていきます。

そして、一番必要なのは、自分の「ビジョン」を明確に持つこと。

成功している人が書いた成功法則の本を山のように読んでいるにもかかわらず、なかなか成功していないという人がいますが、それはなぜでしょう？

それは、「成功したあとに何がしたいか？」「何のために成功したいか？」という「ビジョン」を明確に描いていないからです。

たとえば、ダイエットになかなか成功しない、というのも同じ理由です。

一度やせたのに、リバウンドしてしまった、というのは、その先に「やせて何をしよう？」という目的がないから。そこで終わりになってしまうのです。そういう意味で、「やせて好きな人に振り向いてもらおう」という明確な目的を持っている女性は強いですよね。ダイエットの成功率も格段に上がると思います。

同じように、子どもにいくら「勉強しなさい！」と言って聞かせても、なかなか勉強しませんよね。それはやはり明確なビジョンがないからです。

けれど、「将来、お医者さんになりたい！」「学校の先生になりたい！」というような、はっきりした将来の目標があると、子どもは自発的に勉強するようになります。「勉強しないと怒られるから」という意識では勉強の習慣は身につかないでしょう。

お金儲けもこれと同じ。

お金は目的達成のためには必要なものです。でも、お金を稼ぐこと自体が「目的」になってしまうと、先が続きません。

漠然と「お金持ちになりたい」というよりも、「お金持ちになって、何がしたいか」を考えることが大事なのです。

僕はこの「マスターマインド」を非常に活用しています。

何かビジネスを興す際には、必ず「完成図」、つまり、こういうビジネスをしよう、というゴール地点を思い描きます。

ゴールにたどり着いたあと、どんな自分がいるか？　成功を喜んでいる自分の姿、こんな家に住み、こんな車に乗って……という未来の自分を思い描くのです。

また、週に1回は必ず、2～3時間ほど、目をつぶって、いろんなことを自由に頭の中で思いめぐらせる時間をつくります。名づけて、「心のゴミを掃除する時間」。テレビを消して、何にもしないでボーッとするのです。もし、環境を変えたい時には温泉に行ったり、海を見に行ったりすることもあります。

たとえどんなに忙しくても、この時間は必ずつくります。なぜなら、僕にとっては非常に大切な〝ルーティン〟だからです。一見、「ムダな時間」のように思われるかもしれませんが、これをやらないと気持ちは煮詰まるし、なんとも気分が悪い。自分にとってはかけがえのない時間なのです。

ところで、人生は、朝から晩まで「選択」の連続と言えますよね。

朝ご飯をパンにしようか？　ご飯にしようか？

今日は赤のネクタイにしようか？　それとも、紺のネクタイにしようか？

A案とB案、どちらにしようか？

時には、「どちらがいいだろう？」と、即決できず、選択に迷うこともあるでしょう。

そのような時、あなたはどちらを選びますか？

もし、**マスターマインドが「ネガティブ」であれば、無意識のうちに「ネガティブ」な選択をしてしまいます。**そして、人生自体が「ネガティブ」になってしまう恐れがあるのです。

そこで、僕は、選択に迷った時には、必ず自分の心が「ワクワク」するほうを選びます。

どちらも「ワクワク」しなければ、どちらも選びません。

なぜなら、ワクワクしないことを無理にやろうとしても、人間は長続きしませんし、継続できないことから成果を求めてもうまくいくはずがないからです。

ま、そうは言っても、嫌でもやらないといけないことはありますから、その時は、その嫌なことの中から、無理やり「ワクワク」を探すことにしています(笑)。

では、もし、ワクワクすることがふたつ以上あった場合には?

そのうちで、「より困難なほう」を選びます。

なぜなら、達成することが困難であればあるほど、達成した時の喜びも大きくなりますし、何よりも自分の成長につながるからです。

明確なビジョンは意識を変える

21 「What do you want?」の法則

貧乏脳は、物事を「主観的」に見る
金持ち脳は、物事を「客観的」に見る

僕は、人と接する時には常に、「この人は何が欲しいのだろう？　いったい何を望んでいるのだろう？」と考えるようにしています。

つまり「What do you want?」と心の中で問いかけてみるのです。

これは、投資家としてのトレーニングのひとつでもあります。

たとえば、あるところから、いい投資のオファーがあった場合には、「相手は数ある選択肢の中から、なぜ僕を選んだのか？」を考えます。

また、大勢で何かのプロジェクトにかかわる際には、まず、プロジェクトに関係する人（キャスト）をひとりずつ挙げ、その人たちが欲しているものが何か？

をひとつずつ考えていくのです。

なぜなら、このプロジェクトに求める思惑は人それぞれ異なるからです。

ある人は、「たとえ報酬は少なくても実績が欲しい」と考えているかもしれません。ある人は、「あいつに恥をかかせて、蹴落としてやろう」というよこしまな気持ちを持っているかもしれません。また、別のある人は「プロジェクトにかかわることで〝人脈〟を広げたい」と思っているかもしれません。

それぞれの人の目的をきちんと整理することで、考え方の温度差や、ちょっとしたボタンの掛け違いといった人間関係のトラブルを避けることができるのです。

米国の有名な投資家ウォーレン・バフェットもこう言っています。

「トラブルから抜け出すよりも、トラブルを避けるほうが簡単だ」と。

相手の望むものは何かを考えていくと、自ずとこれからやるべきこと、やったほうがいいことも見えてきます。

常に、俯瞰《ふかん》して、「物事を客観的に見る」という訓練をする。これは金持ち脳を築くうえで非常に大切なことです。そして、物事を第三者的に俯瞰して見ることができるのは、実は日本人の得意とするところでもあるのです。

世界の童話は、主人公の目線で語られることが多いでしょう。一方、日本の昔話は「むか～しむかし、あるところにおじいさんとおばあさんがいました」という、第三者（神様）の目線で語られているのです。このように、日本には昔から俯瞰して物事を見る習慣があると言えます。

この与えられた特技を上手に生かしてみませんか？

相手が何を望んでいるかをまず考えてみる。

このことを習慣化すると、ゴールまでのストーリーをつくりやすくなるのです。

他者の目的は千差万別

22 「動物園のライオン」の法則

貧乏脳は、与えられたエサで満足する
金持ち脳は、エサの正体を知っている

動物園のライオンは、「おり」に入っていますよね。

これは、人間を守るためでしょうか？

それともライオンを守るためでしょうか？


ふつうは、人間が襲われないため、と考えるかもしれません。

けれど、一方でこうも考えられます。

動物園で飼い慣らされたライオンは、毎日決まった時間に与えられるカットされたエサを当たり前のように食べています。

野生のライオンと違って、エサとなる獲物を捕らえる必要もなければ、食いっぱぐれる心配もないわけです。

けれど、動物園のライオンがおりから放たれたらどうなるでしょう？　カットされたエサなど、自然界には存在しません。生きている牛を見ても、これが普段自分が食べている牛肉だとはよもや気づかないでしょう。畑に植わっている野菜を見ても、これがエサとして与えられていたニンジンやジャガイモだとは思わないでしょう。おそらく、動物園で育ったライオンは、自然界でエサを見つけることがかなり難しいはずです。

そう考えると、「おり」は、実はライオン自身を守るためのものでもあるのです。

けれど、そのことには、ライオン自身、おりがなくなるまでは気づかないでしょう。おりが取り外され、「あー、これでやっと自由になれる！」と喜んだのもつかの間、実はおりがなくなると生きていけないことにはじめて気づくのです。

これは、日本人にも言えることだと思います。

実は、日本は法律という「おり」によって、「外資」という敵から守られていました。

しかし、1996年からはじまった「金融ビッグバン」と呼ばれる大規模な金融制度改革により、この「おり」の一部が崩壊しました。

さらに、最近議論を呼んでいる「TPP参加」によって、さらに大規模な「おり」の撤廃が進もうとしています。

グローバル化によって「自由貿易」が進むのもいいのですが、自由な世界になるということは、つまり、強い者も自由になって解き放たれるということ。

つまり、弱い者にとっては最悪の事態だと言えます。

同じことを投資の世界で考えてみましょう。

「投資信託」という「カットされたエサ」を与えられてきた日本人。

カットされたエサの「原型」は何か知っていますか？

以前、問題にもなった「サブプライム」という名の毒入りミックスジュース。

中身に何が入っているかわかりますか？

「デリバティブ」という名の、歯車がくるったら、つくった人もよく理解できないような複雑な商品。

このようなものを、日本人は「いいエサ」として与えられてきたのです。

さて、日本人を守ってきた「おり」がなくなろうとしている、これから先の「弱肉強食」の時代に、我々は生き残れるのでしょうか？

今こそ、一人ひとりが「本物の知識」を身につける必要があるのです。

日本はあなたを守ってくれない 自分の身は自分で守る時代です

23 「時間はコスト」の法則

貧乏脳は、「お金」だけがコストだと考えている
金持ち脳は、「時間」もコストだと認識している

ちょっと想像してみてください。

あなたはある珍しい宝くじに当選しました。

これから毎日、あなたの口座には8万6400円が振り込まれます。

けれど、ひとつだけ条件があります。

それは、お金のままで置いておくと日付が変わった瞬間に、8万6400円は消えて「ゼロ」になってしまうのです。つまり、そのお金は貯めることができないので、使うしかありません。

では、あなたならどう使いますか？

ところで、この「86400」という半端な数字はどこからきているのでしょう?

実は、これ、24時間を「秒数」に換算した数字なんです。

1日は86400秒。「1秒1円」と考えると24時間で8万6400円になる計算です。そして、それは貯めておくことができません。

時間は「タダ」のように考えているかもしれませんが、決してそうではありません。言うなれば、自分の「時間」、いわば「命の一部」を削ってつくった「労働力」を提供して、「お金」に変えているのです。

そんな貴重な「時間」ですから大切に使い、それを「未来」に残していかなければいけない、と僕は思うのです。

日本人は**「時間」もコストの一部である**、という認識がどうも稀薄であるように思います。

たとえば、ある主婦がスーパーの特売のチラシを見ていました。

「あら、うちの近所のスーパーAより、隣町のBストアのほうが、ウインナーが特売で15円も安いじゃない？　お得だわ！」と、わざわざ自転車を飛ばして買いに行くことにしました。

さて、問題です。

これは、本当に「お得」でしょうか。

たしかに、商品を買うという点では15円得したかもしれませんが、そこに行くまでの時間を「コスト」に換算していません。

スーパーAに行く場合には30分かかる買い物時間が、Bストアに行ったことで1時間かかった場合。「時間」というコストは2倍かかっている計算になります。

そう考えると、必ずしも「得だった！」とは言えませんよね。

僕は師匠からこのことを教わりました。

ある時、師匠は僕の目の前で砂時計をひっくり返し、

「これがお前の残りの人生だとしたらどうする？」

と聞きました。

砂がどんどんと流れ落ちて、残りの量がどんどん減っているのを見たら、余計なことはできないな、という気持ちになったのを覚えています。寝る間も惜しんで、なにか行動しようという気が起こりますよね。

実際の時間もこれと同じこと。

目には見えませんが、決して無限にあるわけではありません。今、こうしている間にも、「時間」は流れている。そして、それはすべて「コスト」なのです。

このように、時間を「お金」として考えるといろいろなものが見えてきます。

日本人の一生は平均約三万日
残りの人生、大切に

24 「4つのゴール」の法則

貧乏脳は、「王様」を目指す
金持ち脳は、「お姫様」を目指す

先に、「まず出口から逆算して考えましょう」という話をしましたが、これは会社を経営する際も同じことです。

僕がセミナーなどで経営者の方対象にお話しする際に、必ずこの質問をします。

「あなたの会社のゴールはどこですか？」
「いつまで会社をやるのでしょう？」

経営者の方は、会社の「出口」を考えているでしょうか。

「拡大できるだけ大きくする」「つぶれるまで経営を続ける」では、戦略の立てようがありませんよね。

ところで、会社の出口は基本的に4つしかありません。

それは、

- **上場**
- **売却**
- **清算**
- **継承**

の4つです。会社を立ち上げる時から、清算、つまり会社がつぶれることをゴールに設定する人はさすがにいないですよね。すると、残り3つの中から考えることになります。

「上場」は、言わば自分が「王様」を目指すことです。それは非常に難しく、かなりハードルが高い出口です。

「継承」という手もありますが、継承者が見つからないという問題もあるでしょうし、なかなかすんなりとはいかないものです。

となると、出口として一番現実的なのは、「売却」と言えます。売却は言わば、理想の結婚相手を見つけて嫁いでいくお姫様のようなものです。手塩にかけた娘ですから、いいところにお嫁に出したいですよね。

なので、僕は会社をスタートさせる際には、**「最終的にどこに売却できるのが一番理想か？」**をまず考えます。

「売却」をゴールとして設定することは日本ではあまりなじみがないかもしれませんが、欧米ではかなりポピュラーです。

たとえば、ある動画サイトの開発者は、はじめから大手ポータルサイトに売却することを目的にコンテンツをつくりました。そして、その会社は見事、その目的を達成しました。

自分でつくった会社はどこに売れるか？　投資家ならまずこう考えます。

たとえば、小さな車屋さんをつくったとします。日本の経営者だと、つい「自らがトヨタ自動車になろう！」「第二のトヨタを目指そう！」と考えがちですが、それは相当ハードルが高いですし、難しいことですよね。

そこで、自分がトヨタになろうと考えるのではなく、出口を「トヨタ」に設定するのです。そして、「トヨタが望む自動車部品は何か？」「トヨタが弱い分野は？」「トヨタがまだ参入していない分野は？」などを徹底的に研究し、トヨタが「欲しい！」「買いたい！」と思うような会社を小さくつくって、後に売却するのです。

ひとつつくって軌道に乗せて売却し、またひとつつくって売却する、という形を取れば、たとえ小さな会社でも十分にやっていけます。

このように、会社を経営する場合には、必ず「４つの出口」から考えることが必要なのです。

「王様になる」より、「プリンセス」を目指せ！

25 「スーパースター」の法則

貧乏脳は、企業の「カリスマ性」を見る
金持ち脳は、企業の「バランス」を見る

「カリスマ社長」がいる会社ってありますよね。

よっぽどの大会社は別ですが、僕は社長が「スーパースター」という会社には、投資はしません。

「え、カリスマ社長がいる会社は、勢いがあっていいのでは？」と思う人もいるかもしれませんね。

でも、ちょっと考えてみてください。

そのスーパースターがいなくなったら、その会社はどうなるでしょう？

スーパースターがトップにいる会社は、その人がいなくなった途端にダメになることが多いのです。なぜなら、その人がいたからこそ会社が保てていた、とい

う部分が大きいからです。

すべての組織は「バランス」です。ひとりだけが突出していてもダメ。その点で、「スーパースター」と言われる「名物社長」がいる会社は、バランスがいいとは言えません。その人が突然いなくなったらどうなるか？　おそらくきちんと機能しなくなるでしょう。ひとりが抱える比重が大きいから、その人が抜けたあとの「穴」も大きいのです。

日本はどうも「名前」に弱いところがあります。「あの人がいるから大丈夫」とか「あの会社だから間違いない」という妙な確信を抱きやすいところがありますが、その確信や安心感はどこからくるのでしょう？

これは会社組織に限らず、すべてのことに当てはまります。

たとえば、駅伝や高校野球のチームを考えてみるとわかりやすいでしょう。スター選手がいた場合、その人の在籍中は安泰かもしれませんが、彼ひとりの力に頼りきりになってしまうと、彼が卒業したあとにガタガタになってしまいます。ひとりが突出した力を持っていて、ほかの人たちはたいしたことがない、というチームよりも、誰かがものすごいスター性を持っているというわけではないけれど、チーム全体がそれぞれに力を発揮しているチームのほうが強いという場合も多いのです。

同じように、会社でもあるプロジェクトチームが発足した場合、花形の社員に頼りすぎるのはキケンです。

すべては「バランス」が大切。

「スーパースター」の名前に踊らされることなく、むしろ「キケンだな」という危機感を持って物事にあたるようにしましょう。

花形スターがいるチームより、バランスのとれたチームが勝つ！

26
「炊飯器と保温器」の法則

貧乏脳は、お金を「炊く」

金持ち脳は、お金を「保温する」


1日50人の来客がある定食屋がありました。

ところが、先日あるテレビ番組の「おいしい定食屋特集」に出たところ、大反響！　1日200人のお客さんが訪れるようになりました。このままでは、お客さんをさばききれません。

そこで、問題です。

あなたならどうしますか？

200人前の炊飯器を買いますか。それとも……。

僕だったら、まず「保温器」を1台買います。

そして、50人分×4回炊いて、保温器に入れておくのです。

なぜでしょう？

テレビ効果がなくなり、1日200人訪れていたお客さんが、やがて1日100人に、そして1日50人に落ちていった時のことを考えてみましょう。

もし、200人前炊ける炊飯器を買っていたらどうなるでしょう？

もう必要なくなってしまいますね。

けれど、保温器だったら、炊くごはんの量を調節することでずっと使い続けることができます。

これを「事業」と「投資」に置き換えて考えることができます。

事業は「炊飯器」。

一方、**投資は「保温器」**です。

貧乏脳では、炊くことばかりを考え、どんどん大きな炊飯器に買い替えようとします。けれど、事業の拡大とともに設備投資していくと、事業の拡大が止まった時には大きな設備だけが残ってしまいます。

金持ち脳では、事業という「炊飯器」で炊いて稼いだごはんを、投資という「保温器」に入れてキープしていこうと考えるのです。つまり、炊くことばかり考えず、保存することも考えましょう、ということです。

僕は27歳の時に、事業で大きな失敗をしました。業績がうなぎ上りになり、収益はぐんぐんアップしたことに気をよくして、オフィスを一等地に移転しました。スペースも大きくしました。これまでの5倍の家賃です。さらに、社員も大幅増員し、事業の拡大を図りました。

けれど、数年もすると、このビジネスは急速に冷え込んでいきました。この時が大変でした。今までの5倍の家賃を払い、さらには人件費も増大している。大きな「炊飯器」を用意していったため、収益が上がらなくなった時に、それらを持て余してしまう結果になったのです。しかも、毎月、費用ばかりかかるというありさま。設備投資にお金をかけすぎたのです。

結局、一等地に借りた大きなオフィスは解約し、ふたたび便のあまりよくない、小さなオフィスに移りました。「事業の調子がよかった時に、もっとお金を貯めておけばよかった」と思っても、まさにあとの祭り。業績がよくて、うまくいっている時にはわかりませんでした。稼いだものを「いざ！」という時のために保管しておくことも非常に重要なことなのです。

つまり、いい時には危機感を持ち、財布のひもを締め、悪い時には逆に財布のひもを緩め、お金を使って悪い状況を乗り切っていくのです。

炊飯器が故障した時こそ保温器の出番

27

「お金持ちではないお金の専門家」の法則

貧乏脳は、証券マンを「お金のエキスパート」だと考える
金持ち脳は、証券マンを「お金のセールスマン」だと考える

「お金の専門家」と言うと、どういう人を思い浮かべますか？

たいていは、証券会社、投資会社、銀行員を考えるのではないでしょうか。

では、彼らは「お金の専門家」でしょうか？

いいえ、お金の「セールスマン」です。

たしかに、ふつうのサラリーマンに比べたら高給取りかもしれませんが、「サラリーマン」であることには変わりありません。会社から給料をもらっているわけですから。正確に言うと、証券マンなどは「お金の専門家」ではなく、**「お金持ち相手に手数料を取る商売をしている専門家」**です。

そして、お金持ちよりお金は持っていません。

そのような人がなぜ「お金儲け」の指導ができるのでしょう？　たとえば、あなたは自分よりもゴルフの下手な人にゴルフを教えてもらいますか？　教えてもらいませんよね。それと同じことです。彼らは、実は「金融商人」なのです。

金融商人とは、富裕層に資産運用のアドバイスをし、自社の取り扱う金融商品を売ったり、情報提供料をもらったりしている人たちのことを言います。

たとえば、証券会社の営業マンや証券会社に雇われているアナリスト、投資信託をすすめる銀行マンやＦＰ（ファイナンシャルプランナー）という肩書きを持った保険マンなどです。彼らはいずれも、一般人向けに「投資セミナー」という名の教育を行なっていますが、これは恐怖心をあおって、自分たちにとってより有利な商品を売ることが目的です。

ですから、自分たちに不利なことは決して言いません。

その証拠に、日本の投資教育には「一貫性」がありません。たとえば、株を売りたい人が主催するセミナーでは、「株がいいですよ！」と言い、ＦＸを売りたい人が主催するセミナーでは、「これから伸びるのはＦＸです！」と言います。

さらに、外国の商品を売ろうとする人だと、「日本は破たんするかもしれませんよ。海外にお金を持って行ったほうがいいですよ」と言うでしょう。

このような金融商人に振り回されると、一般人がシンガポールなど「タックスヘブン」と言われる場所に口座を持ち、たいして稼いでもいないのに租税回避を考えたり、必要もないのにスイスにプライベートバンクを持とうとしたりします。けれど、「タックスヘブン」や「プライベートバンク」は、本来、富裕層のためのもの。一般人には必要のないものなのです。

金融商人にいいようにやられないためにも、彼らを「お金の専門家」として信じすぎないことです。

証券マンは「お金の専門家」ではなく、「お金のセールスマン」

28 「1/2×1/2=1/4」の法則

貧乏脳は、「かけ算」で考える
金持ち脳は、「ひき算」で考える

「ひとりで起業するのは不安だから、誰かと組んで共同経営しよう」と考える人も多いでしょう。

けれど、パートナーと一緒に事業をはじめても、うまくいくことが少ないように思います。最初はよくても、たいていは途中でうまくいかなくなってしまうものです。

はじめは、お互いのマイナスポイント、弱点を補うために一緒にはじめますが、そのうちに相手に頼るようになると1/2×1/2=1/4でひとり分の能力よりむしろ下がるという結果に終わるのです。

これら「かけ算」の考え方はまさに「貧乏脳」のものです。かけ算は相手のかけ数に左右されます。つまり、相手に頼らなければいけないということです。

一方、金持ち脳は「ひき算」で考えます。この本で何度も言っていますが、ムダやリスクを徹底的に省いていくのです。その結果、半人前というリスクの高い人間は省かれ、最終的にひとりでやることになります。

僕は大学時代に1900万円もの借金を負うことになりました。

その時は、僕とほかのふたりと3人共同でビジネスを立ち上げようとしていました。そして、300万円である会社を買ったのです。そのお金はとりあえず僕が出しました。

ところが、フタを開けてみたところ、その会社には1600万円もの借金がくっついていることがわかりました。つまり、僕たちはだまされて、300万円ものお金をわざわざ払って、1600万円の負債を抱えた会社を買ってしまったのです。

でも、「3人でやっていこう」と決めたのですから、本来ならば「でも、みんなでチカラを合わせて借金を返していこう！」と団結するところですよね？ 少なくとも、僕はそう思っていました。

しかし、実際にはほかのふたりは最初のうちこそ少し手伝ってくれたものの、最終的には「俺たちはお金も払ってないし、関係ないから……」と言って、逃げ出してしまったのです。

この時、心にかたく誓いました。「もう二度と、誰かと組んで仕事をしようなんて思わないぞ！」と。

それぞれ半人前ばかり集まったから、結果として、1／2×1／2×1／2＝1／8の力になってしまったのです。

僕たちは自分の不安を補おうとして、誰かと一緒に仕事をしようと考えました。けれど、それでは全然力を発揮することはできない、ということを身を以《もっ》て学んだのです。

このように、誰かとタッグを組めば百人力！　自分の実力以上の結果を出せるようになる、と期待するのは勘違い。

むしろ逆効果になることも多いのです。

あなたなら半人前の人間を雇いますか？

29 「車の修理でぼったくられる主婦」の法則

貧乏脳は、専門家に従う
金持ち脳は、専門家を従える

ある昼下がり、喫茶店で人を待っていると、身なりもきちんとしたマダムっぽい女性ふたりのこんな会話が聞こえてきました。

「ちょっと車を修理に出しただけなのに、ものすごい金額の請求書が来たのよ！うちの主人に言ったら、『それはいくらなんでも高すぎだ！』って怒ってね。イヤになっちゃったわ」

その話を耳にしながら、思わず僕は「自分が知らないことを人任せにしてはダメだよ！」と言いたくなりました。

経営者が税理士に経理を丸投げしてしまうのも、同じことです。

よくあることなのですが、経営者の方に経営状態をたずねると、自分の会社のことであるにもかかわらず、「税理士に聞かないとわからない」と言います。それを聞くたびに、僕は、「あなたの会社は、税理士が経営しているんですか?」と言いたくなってしまいます。

もちろん、専門家ではありませんから、経理について詳しく知る必要はないと思います。

けれど、何かを人任せにする場合には、あらかじめ、ある程度はその内容を把握している必要があると思うのです。

僕がアメリカで会社を設立した時のことです。

「一度、すべて自分でやってみよう」と決意し、司法書士などの専門家を一切使わずに、弁護士に相談しながら、書類作成から申請まで、一通りをすべてひとりで行なってみることにしました。

正直、ものすごく時間も手間もかかりました。

けれど、そのおかげで会社を興すまでの「流れ」がわかったのです。

そのうえで、2度目からは専門家に丸投げしています。けれど、どのような手順で手続きが行なわれるのかは一通り知っているので安心です。

相手に「丸投げ」するのには、リスクが伴います。

よく、「大手企業が売っているから安心」という理由だけで投資を行なう人がいますが、それは非常にキケンな考えです。

「丸投げ」はもうやめましょう。

ある程度、自分なりに流れを把握したうえで行動を起こすことが大切なのです。

丸投げする前に、「流れ」をつかめ！

30

「狩猟と農耕」の法則

貧乏脳は、コツコツ貯金をする
金持ち脳は、コツコツ投資をする

実は、投資は日本人に非常に向いているものです。たぶん世界一向いていると思います。

そう言うと、たいていの人はとても驚くか、「まさか！」と疑うか、どちらかの反応を示します。

投資と言うと、どうしてもギャンブル性のあるイメージを抱かれがちですが、実はまったく逆です。これまでにもお話ししてきましたが、投資の考えはできるだけリスクを減らし、資産を減らさずに確実に未来に送る、というものだからです。

日本人はかつて農耕民族でした。

春には、「タネ」をまき、
夏には、雑草や害虫を取り、
秋には、収穫を迎える。
冬には、越冬するための食料を保存し、来年の春に備える。
コツコツと作業を進め、着実に収穫し、来年につないでいく。
このやり方が、まさに投資の手順と一緒なのです。
銀行に貯金するようにコツコツと地道に投資を行なえば、日本人ほど投資に向いている人種はいない、と僕は思います。

一方、欧米人はかつて狩猟民族でした。
たとえば、獲物となるマンモスを狩りに出かけても、それが必ずしも獲《と》れるとは限りません。けれど、大きなマンモスを仕留めたら「大手柄」。しばらくは食うに困らず、安心して暮らすことができます。

できるだけ大きな獲物を仕留めたほうが勝ち、というわけです。そういう意味で、ギャンブル性がありますよね。

狩猟民族が死ぬまで食べるものに困らずに暮らしていくためには、ただ狩猟をしているだけでは難しいと思います。

マンモスを仕留める体力は年齢とともに衰えてきますし、いつどこで獲物がいなくなってしまうともわからないからです。

そこでマンモスを元気で獲れるだけの体力があるうちに、マンモスをニワトリや牛、ヤギに交換して飼い、たとえマンモスが獲れなくなったとしても食いつないでいくための方法を考えた、というわけです。

これが「投資」の考え方の根本でもあります。

日本と欧米の対比を端的に伝えているのが、次の言葉です。

日本という国は教育や訓練によって、

技術やノウハウを人に蓄積させてきた「人の文明」である。
それに比べて西欧の社会は人を育てるよりも
道具の進歩によって社会を機能させる「道具の文明」と言える。

（出典『江戸の智恵』養老孟司・徳川恒孝、ＰＨＰ研究所）

欧米の文化は「金融」という道具を発達させてきました。けれど、道具はそのうち古くなり、やがて壊れます。

一方、人の中に技術やノウハウを蓄積させてきた日本の文化は、壊れることはありません。人から人へと引き継がれ、発展していくのです。

これこそが、投資家の目指すべき道だと、僕は思っています。

投資はまさに日本人のためにある！

31 「両手ですくった水」の法則

貧乏脳は、お金を増やそうとする
金持ち脳は、お金を減らさない

両手で水をすくうことと、すくった水をずっと維持し続けること。

どちらが難しいですか？

すくった水を維持し続けることのほうがずっと難しいですよね。

これは僕が師匠から教わったことです。

そして、お金もそれと同じこと。

稼ぐことより、稼いだお金をいかに維持するかのほうが難しいのです。

さらに、その水をできるだけ多くキープしておきたい、と思ったら、どうしますか？　ずっと手に持っていたら、指と指の間からどんどん水がこぼれ落ちてしまうだけですよね。

すくった水をきちんと保つには、「容器」が必要です。それも小さすぎてはたいした量が入りませんし、穴だらけだったら、そこからどんどん水がもれています。適当な大きさの、穴の開いていない容器が大切なのです。

これは何をたとえているのでしょう？

「すくった水」＝稼いだお金、だとすると、その水をキープするための容器が「投資」です。だからこそ、その容器に穴があいていないか、適した大きさかどうかを、自分の目的に合わせて、慎重に選ばなければいけません。

あなたはどんな容器を選びますか。株ですか？　不動産？　ゴールドですか？

容器はたいていの場合、穴ぼこだらけです。「税金」や手数料といった穴があいています。それを「勉強した知識」「具体的な戦略」でふさぐのです。

稼ぐより、稼いだお金を維持する方法を考えよう

32

「プールの細菌」の法則

貧乏脳は、お金のために働く
金持ち脳は、お金を働かせる

これは僕の師匠から出されたクイズです。
みなさんはわかりますか？

あるプールに細菌が繁殖しました。
細菌は1分で分裂して倍になります。
30分でプールの半面に細菌が繁殖しました。
では、全面に細菌が繁殖するのは何分かかるでしょう？

10秒以内に答えてください、と言うと、だいたいの方は「60分」と答えます。

では、答えを言いますね。いいですか？

答えは「31分」です。


意外と速くはありませんか？

これは「複利の効果」をわかりやすく語ったクイズです。

そして、この「複利」の法則について、アインシュタインは「20世紀最大の発見」と評しました。


ところで、これが「お金」だったら、どうでしょう？

「複利」の場合、時間が経つにつれ、威力が加速していくのです。

そして、資産が資産を呼ぶ。

まさに、**お金を「働かせる」**というわけです。

たとえば、元金が100万円あって、利息が10%つくとします。

単利の場合…

↓1年後には110万円－20%の源泉徴収＝108万円

↓2年後には、100万＋8万＋8万＝116万円

↓7年後には、 156万円

一方、複利の場合…

↓1年後には110万円＋110万円×10%＝121万円

↓2年後には、121万円×10%＝133・1万円

↓7年後には、約194・9万円

これが、1000万円であれば、なんと400万円ほど差が広がります。

ところで、複利の計算に便利な「72の法則」というものがあります。

金利（％）×年数（年）＝72

資産運用で元金が2倍になる年数がわかる、という法則です。

仮に、30歳で元金３００万円で60歳までの30年間、20％の複利で運用した場合、３００万円が7億１２１２万円になります。

ちなみに30％運用だと、78億５９９９万円です。

これが、仮に20年間の場合、20％で1億１５０１万円、30％で5億７０１５万円になります。

30％運用で比較した場合、20年だと5億なのに対して、30年だと78億になる。10年間でこの違いです。

投資には「時間」がどれほど重要か、ということがよくわかりますね。

でも、そんな利回りで運用できるのかって？

不動産であれば、実質上、20％以上の複利は余裕で可能です。

正しい投資は、早いうちにはじめればはじめるほど、利益も大きくなります。いち早く勉強し、早くはじめたほうが断然有利なのです。

しかも、置いておくだけで利益が膨らんでいきますから、特別なワザは必要ありません。ルールさえ守ることができれば、誰でも「ミリオネア」になれるのです。もっと詳しく知りたい方は僕のホームページを見てください。

正しい投資は早くやればやるほど、「ミリオネア」に近づく！

33 「黒海沿岸の小さな村」の法則

貧乏脳は、お金を生まれるものだと考える
金持ち脳は、お金が回るものだと知っている

「黒海沿岸の小さな村」の話を知っていますか?

これは、ある時インターネットで偶然見つけ、読み進むうちに、「まさに、これは経済の仕組みについてとてもよく書かれている話だ!」と非常に共感し、ぜひみなさんにもお伝えしたいと思った話です。

黒海沿岸にある貧しい村がありました。

そこにひとりの旅人がやってきました。1軒の宿屋に入り、「今日、1泊できる部屋はありますか?」といって、ポケットから前払い金を出して支払ったあと、観光するために宿を出ました。

宿屋の主人は、近所の肉屋に「ツケ」がたまっていたので、その金を持って肉屋へと走り、これまでのツケを支払いました。

肉屋の主人は、養豚業者に「ツケ」をしていたので、その金を持って養豚業者のもとへと走り、これまでのツケを支払いました。

養豚業者の主人は、豚のエサ代を払えていなかったので、その金を持って、エサの販売業者のもとへと走り、これまでのツケを支払いました。

エサの販売業者は、ツケで女性と遊んでいたため、その金を持って女のもとへと走り、これまでのツケを支払いました。

その女は、商売をしていた先の宿屋にツケがたまっていたので、その金を持って宿屋へと走り、これまでのツケを支払いました。

すると、先ほどの旅人が戻ってきて、「ほかに見るものもないから、帰るわ」と言って、先ほど支払った前払い金を返してもらい、村を出ていきました。

誰がお金を稼いだわけでもないけれど、こうして村の人たちはそれぞれに自分の借金を返すことができたのです。
これこそが、「経済の仕組み」です。
つまり、お金はどこからか生まれているのではなく、ただ回っているだけなのです。

この仕組みを使えば、世界中の借金はチャラになるはずである

34

「自然の流れ」の法則

貧乏脳は、自分のためにお金を使う
金持ち脳は、誰かのためにお金を使う

水などの自然界のものは、基本的に上から下に流れます。一方、お金は下から上に吸い上げられていきます。だから、ますますお金持ちは金持ちになり、貧乏な人はさらに貧乏になるのです。

では、お金ばかり重視しているとどうなるでしょう？

自然界の流れに逆らっている状態になり、運気の流れも「逆」になってしまいます。すると、運やツキが落ちたり、健康を害したりするようになるのです。

風呂桶の「アカ」の話を知っていますか？

風呂桶に浮いているアカを自分から遠ざけようとすると、水の対流の動きでかえって自分の手元にやってきます。もし、アカを自分から遠ざけたいと思うのなら、逆にアカを引き寄せるようにすると、アカは流れにのってだんだんと離れていきます。

これと同じことがお金にも言えます。

僕ははじめ、おおいに夢と野望を描き、「世の中の役に立ちたい」という気持ちを抱いて、事業をスタートさせました。

ところが、いつの間にかお金が入りはじめるにつれて、だんだんと「お金」を求めるようになり、やがて、たとえ自分の夢を曲げてでも、お金が手に入る方法を考えるようになっていきました。

その結果、どうなったでしょう？

不思議なもので、なぜか収入が減ってしまったのです。

気づけば、いつの間にか周囲にいる友達も変わっていました。自分がコレクションしている高級時計を自慢するような友達ばかり増えていたのです。そんな人たちに囲まれているのが嫌で、僕は自然と愚痴が多くなっていました。当時つき合っていた彼女には、「そんなに文句ばっかり言っているのなら、つき合わなきゃいいのに！」と言われたほどです。

「なぜ、このような友達ばかり増えていったのだろう？」と考えてみたところ、結局、「お金」がそういう人たちを引き寄せてしまっていたのでした。

その行きつく先が、全財産の9割を失う、という大失敗でした。

僕はお金を求めようとしすぎるあまり、お金ではなく、お金に取りつかれた人たちを引き寄せ、逆にお金から遠ざけられてしまったのです。

「お金、お金！」と自分のことばかり考えて集めようとすると、かえってお金は逃げていくだけ。そうではなくて、誰かのために使ったりすると、お金は自然と自分のもとに寄り集まってくるものなのです。

水は上から下に、お金は下から上へと流れる

35 「仮説」の法則

貧乏脳は、「予想」で計画を立てる
金持ち脳は、「仮説」から計画を立てる

僕は、何か物事を決断する際に決して「予想」はしません。

必ず「仮説」を立てます。

では、「予想」と「仮説」はどう違うのでしょう？

「予想」というのは、一本道。そして、その予想がはずれた場合、「別案」がありません。よく、「競馬予想」などと言いますが、「予想」ははずれたらそれでおしまい、というところがあります。

一方、「仮説」というのは、「答え」（ゴール）を決めて、その答えにどうすればたどり着くかという「実験」を繰り返すこと。つまり、改善・修正の連続です。

ですから、たとえ、仮説がはずれた場合でも、別の仮説を立て直し、実験をし直すことができます。

つまり、一度限りの勝負ではなく、「改善」が加えられる、というわけです。仮説は何度も修正可能ですし、成功するまで実験を繰り返せばいいわけですから、最後には必ず成功に結びつくのです。

その際、重要なのが、ひとつの方向から答えを導き出すのではなく、いろいろな方向からの意見を検証するということ。あらゆる角度から物事を見ることで、失敗のリスクはどんどんそぎ落とされていきます。

計画は「予想」で立てます。

そして、戦略は「仮説」で立てます。

計画は、一度立ててしまうとなかなか変更ができません。そして、立てた通りに動かなければいけないという意識が自然と働きます。

その結果、計画に自分を合わせようとしています。

一方、仮説は「計画」ではないので、ゴールさえ決めていれば、途中でどのように道草してもいい、という自由さがあります。

ちなみに、無計画な「道草」こそ、実は最高です。

道草から、思いがけない大発見があったり、人生が変わるような出会いが待っていたりすることがあるかもしれないからです。

「予想」ではなく、「仮説」を立てろ

36

「ムダなことほど大事」の法則

貧乏脳は、雑談をムダだと切り捨てる
金持ち脳は、雑談の中にヒントを見出す

「ムダなこと」というのは、「できればやらなくていい」「やるだけ損」と思われがちですが、僕はそうは思いません。

むしろ、**「ムダなことの中にしか、大事なことはない」**とさえ思っています。

たとえば、偉大なアイディアというのは、オフィスでまじめな顔をしてひざを突き合わせている時よりも、むしろ雑談をしている時のほうが生まれやすいでしょう。

はたから見ると、「こんな時間からお茶飲んで、くだらない話ばかりして」と思えるようなシチュエーションかもしれませんが、実はそこからものすごく大事なことがひらめくことも多いのです。

雑談の時というのは、仕事の時とは違って意識が解放されています。なんといっても自由ですから。

仕事上の立場や枠にとらわれることなく話せるのがいいのかもしれません。

雑談の時は、先に書いた「ブラックシープ」になれる貴重な時でもあるのです。

会社の会議に出席している時には、「白い羊」でいなければならないところがあるでしょう。けれど、白い羊のままでは、奇抜なアイディアは決して生まれてきません。囲いから出た「黒い羊」の時のほうが、いいアイディアが浮かぶものです。

また、ムダなこと、バカバカしいことをやるのには、もうひとつこんなメリットがあります。

それは、とんでもないこと、とてつもないことほど、チャレンジする人が少ないという点です。ですから、ライバルが少ないのです。

「そんなバカバカしいことなんかできるか」と、ほかの人がやらなければやらないほど、ライバルが減って、自分がやって成功する可能性が高まる、というわけです。

そもそも、ムダなことというのは、誰にとってムダなのでしょう？　たいていは見ている人が勝手に「ムダ」と判定しているだけのことですよね。

実際に、周りで成功している人を見ると、一見ムダなことばかりしているように思えます。けれど、それは心に余裕があるからこそできるのではないか、と僕は思うのです。

ムダなことにはメリットがいっぱい！

37 「消費物を買う時」の法則

貧乏脳は、消費物を「現金」で買う
金持ち脳は、消費物を「資産」に買わせる

消費物は「資産」に買わせろ！

これは僕がセミナーなどでよく受講者のみなさんにお伝えしている言葉です。

たとえば、あるふたりの人に現金500万円を渡して「好きなことに使っていい」と言ったとします。

Aさんはそのお金を使って500万円の車を買いました。

現金で新車を買った場合、エンジンをかけた瞬間、それは「中古車」となり、その価値が400万円に下がります。

そして、5年も経てば、ほとんど価値がなくなってしまうでしょう。売るにしても二束三文にしかなりません。いわゆる、車は消費物だからです。

一方、Bさんは同じ500万円を頭金に1500万円の不動産を買い、それを賃貸に出して不動産の月々のローンや諸経費を払った後、そこから月々8万円の収入が手元に残るとします。

そのお金を使ってローンを組み、500万円の車を購入します。そして、賃貸収入を使って車のローンを返済するのです。これだと500万円という元手を減らすことなく、車が買えます。つまり、不動産が車を買ってくれたことになるのです。

それだけでなく、不動産も引き続き手元に残ります。

このように、Bさんは同じ500万円を使いながら、不動産も車も手に入れることができるのです。

なおかつ、さらに賃貸収入はずっと得られるので、2台目の車が欲しいならそれもまた不動産が買ってくれるでしょう。

このように、現金で消費物を買ってしまうと、あとには何も残りません。
けれど、資産を経由して消費物を買わせると、資産もあとに残ります。

あなたなら、どちらを選びますか?
投資家というのは、こうしてお金を増やしていくのです。
これって、誰にでもできることですよね?

車は不動産に買ってもらえ!

38

「ハード・ソフト・ファイナンス」の法則

貧乏脳は、すべて自分で揃えて起業する
金持ち脳は、優秀なソフトさえあれば起業する

ビジネスに必要な3大要素は、

1. 人
2. モノ
3. 金

と言われています。

けれど、投資家が必要と考える3大要素は、

1. ハード（しくみ）
2. ソフト（何をするか？ の内容）
3. ファイナンス（金融）

の3つです。

「ハード」というのは、不動産でいうところの「建物」です。「箱」という言い方をすることもあるかもしれません。

「ソフト」は「何をするか」という目的のようなものです。そこで、飲食店を開くのか、マンション経営をするのか……ということです。

そして、「ファイナンス」というのは、「投資資金」です。

海外には、何億円もかけたような、非常にゴージャスなレストランがたくさんありますが、実はそのオーナーは設備投資に1円もかけていないこともあります。

では、これらのレストランはどのようにして開店できたのでしょう。

日本では多くの場合、創業者は自分でソフトもハードもファイナンスもすべて準備する必要があります。

つまり、場所も運営も、そして資金もすべて自分にかかっているのです。

しかし、海外では、優秀なソフトさえ持っていれば、そこにハードとファイナンスがタダでついてきます。

たとえば、味がよくて評判の小さなレストランがあったとします。

投資家はハードとファイナンスは持っているけれど、ソフトがありません。常に「優秀なソフト」を探しています。ですから、投資家は優秀なシェフがいたり、評判のレストランがあったりすれば、何のためらいもなく声をかけるでしょう。案外、ハードとファイナンスを得ることは容易なのです。

ちなみに、レストランのオーナーの目的はレストランが繁盛することでしょう。

けれど、投資家の目的はレストランが繁盛することではありません。「安定した家賃が取れること」です。つまり、長く続いて、家賃さえきちんと払ってくれればいいのです。

2億円かけてレストランをつくっても、毎年10%に当たる2000万円を払ってもらいさえすれば、それでいい、というわけです。

レストランのオーナーが自ら2億円を用意した場合、それは「借金」になります。これは大変な負担になります。経営を圧迫する一因になるでしょう。けれど、投資家がお金を出してくれれば、そのリスクもありません。

日本ではあまりなじみのない考えかもしれませんが、欧米では割とポピュラーな方法です。開業資金がないからといって、夢を諦める必要はありません。優秀なソフトさえあれば、それにお金を出してくれる人が現われるかもしれないのです。

たとえば、六本木の商業施設に入っている外資系ホテルは、ビルが建てられる前からテナント契約を結んでおり、設計図の段階からそれらの間取りがすでに組み込まれていました。

ビルのオーナーにしてみたら、外資系ホテルというしっかりした会社なら、家賃のとりっぱぐれがないと考えたのです。

一方、ホテル側にとっては、初期の設備投資が少なくて済みます。さらに、営業しながら家賃として払っていけばいいので、負担が軽くなるというわけです。

店やホテルなどがつぶれる大きな理由のひとつに、初期の設備投資の費用が重くのしかかっていた、ということがありますが、このやり方ならばリスクはだいぶ軽減できます。

つまり、これは双方にとってメリットがある、というわけです。

開業資金ゼロでも、店は持てる！

39 「王様と剣」の法則

貧乏脳は、資産の半分以上を銀行に預けておく
金持ち脳は、お金を使うべき時に使う

アメリカと日本で一般的なポートフォリオを比較してみると、アメリカの現金・預貯金率は約13％であるのに対して、日本の現金・預貯金率は約50％以上に達しています。

つまり、日本人は資産の半分以上を銀行に預けています。「現金預金」が圧倒的に多いのです。ちなみに、アメリカでは、半分以上を債券や投資信託、株式などの金融商品に充てています。

この話を聞いて、僕は「日本人は非常にもったいないなあ」と思っています。

なぜなら、お金は「道具」だからです。

お金を剣にたとえて考えてみましょう。剣は誰かと「戦う」ため、何かを「守る」ために王様が集めたもので、「いざ！」という時には使用する必要があります。

ところが、今の日本の状態を見てみると、この剣をせっかく集めたにもかかわらず、折れるのが怖くて使うことができず、結果として、銀行の一番奥の安全な場所に丁寧に眠らせてしまっているだけなのです。

あるいは、剣の上手な扱い方を知らない、という理由もあるかもしれません。

なぜこのような事態になってしまったのでしょう？

それは、「何のため」に集めたのか？　ということが抜けているからです。「目的」がないから、結局は、集めること自体が「目的」となってしまっているのです。

剣はそもそも戦うために集めたものですから、使わないと意味がありません。

そして、それには使用するための「戦略」がないといけません。

「ここぞ」という場面できちんと使うからこそ意味があるし、剣も実力を発揮できる。

お金もそれと同じことです。

無謀な戦いには出すべきではないけれど、使うべき時に使うことでこそ意味があるのです。

そのために必要なのは、自分は何をするためにお金が必要なのか、という「ライフプラン」を明確にすることが大切です。

すばらしい剣も使わなければさびてくる

40 「願い事を人に話すとかなわない」の法則

貧乏脳は、できるだけ多くの人に夢を語る
金持ち脳は、夢を語る相手を選ぶ

「もし願い事をかなえたいなら、できるだけ多くの人に自分の夢を話しましょう」とよく言われますね。けれど、「一生懸命口にしているのに、なかなか願い事がかなわない」とひそかに嘆いている人が多いのもまた事実です。

僕はむしろ**「願い事を人に話すと、かなうものもかなわない」**と思っています。

できるだけ多くの人に話したほうがいいからといって、誰彼かまわず話をすることに問題があるのです。

なぜなら、人に話すことでかえってマイナスの情報が入ってくる場合もあるからです。

また、足を引っ張ろうとする人も出てきます。すべての人があなたの願い事がかなうように全面的に協力してくれるとは限りません。あなたを蹴落としてでも自分がのし上がろう、と考えている人もいますし、先ほどお話ししたように、あなたの変化を恐れて、あなたが変わらないように仕向ける人もいるからです。

このようにして、願い事を人に話したことで、かえって道が遠ざかってしまうこともあるのです。

実際、僕は願い事がかなうように、と思って、自分の考えているアイディアややりたいことを口にして、それを奪われたことが何度もあります。それこそ、数え上げたら、きりがないほどです。

そして、願い事は誰彼かまわず話すとかなわないことを実感しました。

ここで大切なのは、**願い事を伝える相手を選ぶ**、ということです。

インテリジェンスを共有できる相手には、いくらでも自分の願いを話していいでしょう。

「叶う」という漢字は、口に十と書きます。

つまり、口に出して10回言うとかないやすくなる、という意味です。でも、これも相手は誰でもいい、というわけではないと、僕は思います。

同じビジョンを持った相手にだけ話すことが大切です。

それをしなければ、人に話すことでかえって願い事がかなわない、という結果に終わるばかりです。

願い事を口にする相手は慎重に選ぶこと

41 「本物の成功者ほど会える確率が高い」の法則

貧乏脳は、「無理だろう」と諦める
金持ち脳は、とにかく会いに行ってみる

「ビル・ゲイツに会えますよ！」と言われたら、あなたならどうしますか？

まず、信用しますか？

それとも「まさか〜！」と一笑《いっしょう》に付《ふ》しますか？

たいていの人は「会ってみたいな」という気持ちを持ったとしても、「そんな人たちはきっと忙しくて、会ってくれる時間などないはずだ。第一、自分みたいなふつうの人間など相手にしてくれるはずがない」などと考えて、たいていは諦めて終わってしまうのではないでしょうか。

けれど、本物の成功者にアポイントを取ると、意外にもすんなり会えたりすることがあります。

それよりもまず、ビル・ゲイツに「会いたい」とマイクロソフト社に電話してみましたか？　手紙を出してコンタクトを取ってみましたか？

相手がどういう反応をしたか、というよりも前に、あなたは何か行動を起こしましたか？　と聞きたいのです。

ビル・ゲイツが本当に会ってくれるかどうかは、わかりません。

そう、**やってみなければ、何事もわからないのです。**

「どうせあの人は偉い人だし」と言って、自分で勝手に諦めるのではなく、「どうしたら会えるか？」をまず考えることが大切です。

何もしなければ、いつまで経っても、すごろくのコマを進めることはできません。いつまでも「ゼロ」のままです。

けれど、歩を動かした時点で、それは「＋1」になります。「ゼロ」はいくら数字をかけても「ゼロ」ですが、「＋1」は数字をかければかけるだけプラスになります。

それにたとえ失敗したとしても、行動したこと自体が自分の蓄えになります。

自分の判断で行動したことは、必ず次のチャンスを生みます。

自分の頭の中の理論だけで「無理だろう」と諦めるのはもうやめましょう。

自分が「会ってみたい」と思える超大物がいたら、とにかくやってみる！

この意気込みこそが、あなたの未来を変える「カギ」となるのです。

ビル・ゲイツに会いに行こう！

Step 3

もう一生お金に困らない！
「金持ち脳」の生き方

生活が変わる！　未来が好転！
〝いいこと尽くめ〟の毎日が待っている

42

「お金持ちに出会う」の法則

貧乏脳は、飛行機にお金をかけるのはもったいないと考える
金持ち脳は、ちょっと頑張ってビジネスクラスに乗る

「お金持ちとどうやったら知り合いになれるのですか？」というのは、本当によく聞かれる質問です。

「お金持ちに出会う」というのは、自分の「マスターマインド」（意識）を変えるもっとも効果的な方法です。職場などの同じ環境の人と毎日一緒にいても、あなたにとってあまり刺激にはならないでしょう。

マスターマインドは自分の目で見て、感じるなどして、刺激を与えないと眠ってしまいます。ですから、時には特別な環境に身を置き、いつもと違う人と出会うことで、マスターマインドを刺激しましょう。

では、お金持ちにはどこで出会えるのでしょう？

身近なところでは飛行機のビジネスクラスやファーストクラス、ホテルのエグゼクティブフロアなどです。

これらは、ちょっと頑張れば手が届く範囲だと思います。

まずは、飛行機などは、目的地が同じですから、話もしやすいはずです。隣になった人にあいさつ程度に声をかけてみましょう。ファーストクラスだと完全に個室状態になっていることが多いので、ビジネスクラスくらいのほうが話しかけやすいかもしれません。目的地に着くまでの数時間〜十数時間を共にするわけですから、親睦も深めやすいはずです。ちょっと勇気を出して、話しかけてみましょう。それが思わぬチャンスにつながることも多々あります。

僕は以前、某有名歌手の方やアメリカのトラック業界のトップ、外資系銀行の広報のトップの方などと同じ飛行機に乗り合わせて知り合いになりました。彼らとは今でも、連絡を取り合う仲です。

また、ホテルのエグゼクティブフロアの専用ラウンジなども同様のチャンスがあります。たいてい、ラウンジではフリーでアルコールやドリンクが飲めます。

そして、朝晩は多くのエグゼクティブがくつろいでいます。フロアに入ったら、臆せずにあいさつをしましょう。そうでなくても、向こうから話しかけてくると思いますが（笑）。

僕は香港のホテルのエグゼクティブフロアのラウンジで、インドネシアの大財閥のトップの方に3日連続で会いました。なんとなく話をし、帰り際に名刺をいただいて、「そんなにすごい人だったのか！」と驚いたものです。

その後、連絡を取り合い、彼の会社が日本進出をする際には人を紹介するなど、結果的に少しお手伝いをするチャンスにも巡り合いました。今では家族ぐるみのつき合いです。

「ホテルなどただ寝るだけの箱だから、お金をかけるのはもったいない」と考える人もいるかもしれませんが、この考えこそもったいないことだと思うのです。

なぜなら、これらの人たちとは、飛行機のエコノミークラスに乗っていたら決して隣り合うことはなかったでしょうし、ホテルの通常のフロアでは出会うチャンスもなかったからです。

人との出会いはまさに「一期一会」と言いますが、これは**お金では決して買えない価値**があると思うのです。

それに、先にもお話ししましたが、「もったいないこと」「ムダ」なことの中にこそ大切なことが隠れているものです。

そういう意味で、僕が「若い頃にやっておけばよかったな」と思うことがあります。たとえば、100万円を持って、銀座の高級クラブに行って、「今日、これだけのお金で飲ませてください」と言って、一晩で使ってみる、ということなどです。実際に入れてくれるかどうかはわかりませんが、どうなるか、興味ありますよね（笑）。

「なんとバカなことを！」と思う人もいるかもしれませんが、若いうちにそういう世界を一度見てみるというのは、大きな社会勉強になると思うのです。

一流と言われる人たちがどのように過ごすのか。また、そのような人たちをホステスさんたちはどのようにあしらうのか。それにもしそんな若造が突然やってきたら、「この子、面白いわね」と面白がられ、印象に残るに違いありません。

ちなみに、若い頃にはできませんでしたが、だいぶあとになって同じことをやってみました。すると、銀座のクラブのママに気に入られ、いろいろな人を紹介してもらったのです。そこで使った100万円は僕の広告費だったように思います。

お金持ちオーラをめいっぱい吸収しよう!

43

「現金が一番弱い」の法則

貧乏脳は、現金が好き
金持ち脳は、現金が嫌い

僕のひいおばあちゃんから聞いた話では、明治時代などは2000円ほどでホテルが建ったそうです。

箱根の富士屋ホテルは、種牛5頭を売ったお金1250円で、旅館の敷地建物、温泉の権利を買収し、洋館として改築したといいます。また、1914年に開業した東京駅の工事費用は287万円ほどだったと言われています。ちなみに、2012年に行なわれた東京駅の復元工事費用は500億円だそうですから、その差はすごいですね。

たとえば、ひいおばあちゃんが大金持ちで、私たちのために2000円の現金を残してくれたとします。

当時だったらホテルが建つくらいの大金ですが、今、現金2000円では何が買えるでしょう？

ホテルはおろか、不動産などとうてい買えませんよね。

せいぜい宅配ピザでMサイズが1枚買えるくらいでしょう（笑）。

では、その2000円を使って、ひいおばあちゃんが土地を買っていたとします（ここでは、相続税は考えないものとします）。

すると、今、どのくらいの価値があるでしょうか？

ホテルが建つくらいの金額ですから、現在の価値はおそらく数百億円になっているのではないでしょうか。

と考えると、現金は一番弱い、ということが言えると思います。

「インフレ」という言葉を聞くと、あなたはどう感じますか？

「給料が上がらないのに物価が上がって大変！」

「モノが買いにくくなり、生きにくい世の中になった」

など悪いイメージを持ちますよね。

インフレは、言い換えればお金の価値が下がるということなので、それも当然のことだと思います。

けれど、投資家は「インフレは想定内」なんです。インフレにきちんと対応できています。

アメリカでは同じ銘柄の株を20年以上持ち続けて損した人はいないといいます(対象企業が倒産していないことが条件)。

投資家にとって、不動産や株は「買う」ものではありません。お金を「置き換える」という感覚です。

20年後も確実に存在する会社の株にさえ替えておけば、20年後の価値に見合ったお金が残るのです。

現金最弱

44 「大事な一瞬」の法則

貧乏脳は、どんな時でも家族より仕事
金持ち脳は、大事なものを崩さない

「大事な一瞬」のためなら一生を棒に振ってもいい、というくらいの気迫を持つことが大切です。

僕がアメリカにいた時の話です。

ある投資家仲間が休暇を取って、家族でラスベガスに行っていました。

その間に会社では、ものすごい緊急事態が発生したのです。この一瞬を逃したら、何百万ドルもの損失になる、というような重大事件です。

「これは大変だ！　今すぐ彼に帰ってきてもらわなければ！」と僕は彼に電話をしました。すると、彼は何と答えたでしょう？

「僕は帰らない」

と言ったのです。そして、「この休暇は子どもと半年以上も前に約束したものだ。それを突然帰るなんて、子どもにはとても説明できない。僕は家族が一番大切だ。だから、この『大事な一日』のためならたとえ一生を棒に振ってもいいと思っている」と続けました。

では、彼はこのために大損失をして、本当に一生を棒に振ってしまったのでしょうか？

答えは「NO」。実際には、そんなことにはなりませんでした。

「彼が帰ってくるまでなんとかしよう！」と周りが動いたのです。彼はあくまで自分の哲学をはっきり示しただけ。けれど、「彼の中に、そこまで強い意志や確固たる心づもりがあるなら、それを支えよう」と、勝手に周囲が動かされたのです。

日本のサラリーマンだったら、たとえ休暇中だったとしても、会社から呼び出しがあったら、「ごめん、仕事だ！」と、休暇を返上して会社に戻るでしょう。それはそれで「仕事第一」でいいかもしれません。

けれど、絶対に譲れないもの、曲げられないことをしっかり持ち、自分の価値観を貫くと、周りが放っておかない。そして、自然とうまくいくものなのです。

リーダーと言われる人は、たいてい「あの人だったらこうするだろう」と行動が簡単に想像できます。それは、**行動に一貫性がある**からです。

誰の言葉にも振り回されず、「こういう場合はこうする」という自分の「やり方」を持っているのです。いい意味で「ワンパターン」と言えるでしょう。

「大事な一瞬のためなら、一生を棒に振る覚悟がある」

その覚悟が伝わると、人は自然とついてくるものです。

自分にとって大事なもの、譲れないものというものは絶対に崩してはいけない、と僕は思います。

「人を動かす」とはそういうことなのです。

大事な一瞬のために、一生を棒に振る覚悟はありますか？

45 「好きなモノから先に食べる」の法則

貧乏脳は、最後まで取っておく
金持ち脳は、一番はじめに食べる

一皿にキレイに盛りつけられたお料理が、目の前にあるとします。

あなたは、好きなものから食べますか？

それとも好きなものは最後に取っておきますか？

投資家は好きなものをほぼ一番はじめに食べます。

ちなみに、最後に好きなものを食べるのは経営者タイプに多いでしょう。

僕も好きなものを最初に食べる派です（笑）。

投資家は、とにかく結論を重視します。それに対して、経営者は順序立てて、あとでゆっくり……というタイプが多いようです。

投資家は、なぜ好きなものから先に食べるのでしょう？

それは、残しておくとあとでお腹いっぱいになって食べられなくなってしまうかもしれないからです。もしくは、突然誰かに呼び出されて、一番の好物を食べる前に席を立たなければいけなくなる可能性もある、と考えるからです。

好きなものを目の前にしながら、食べられるかどうかわからない。これは大きな「リスク」ですよね。

先にもお話ししていますが、投資家は**「予測できないリスクをできるだけ排除する」ことを一番はじめに行ないます**。ですから、好物を残しておくことでリスクが発生するのなら、その前に食べてしまえ！　というわけなのです。

金持ち脳では結果から逆算して、「今何をすべきか？」を考えますが、貧乏脳は現在から未来に向かって、できるだけたくさん進もうとします。だから、結果がわからない。そして、結果を待ってドキドキすることになります。

このように、**投資家は、**「利益を最大化するプロ」ではなく、**「リスクを最小限にするプロ」**なのです。

たとえば、5000円損したら、「その損を取り戻すまで頑張る！」というのではなく、早めに切って、次のチャンスにそなえます。なぜなら、損を取り返すために費やす「時間」がもったいないからです。「時間を失う」ということは、つまり「その間のチャンスも失っている」ということにつながります。

そういう意味で、金持ち脳は「今」を重視しています。

一瞬先はどうなるかわからない＝リスクです。

ですから、そのリスクを徹底的に排除しようとするのです。

いつでも、今こそが「最高」のタイミング

46

「現実的なことより、非現実的なことのほうが達成しやすい」の法則

貧乏脳は、現実的なことしかやらない
金持ち脳は、非現実的なことに挑戦する

非現実的で「そんなの達成できっこないよ！」と人が思うことのほうが、実は達成しやすいのをご存じですか？

というのも、非現実的なことのほうが、それをやろうとする「ライバル」が少ないからです。

僕はアメリカでビジネスを興す際、まず最初に新聞の「クラシファイド広告」欄（三行広告、文字広告）にこんな広告を載せました。

「こういうビジネスをやりたいので、誰か僕にお金を出してくれませんか？」

ちなみに、その下の欄に載っていたのは、「猫が３匹生まれたので、もらってくれませんか？」という広告でした（笑）。

みんなから「何やっているんだ？」「そんなことでお金が集まるとでも思っているのか？」「バカか！」と口々に言われました。

ところが、その広告を掲載したおかげで、結果的に僕が希望するだけのお金を見事集めることができたのです。

これこそ、非現実的で、やろうとするライバルが少なかったからこそ成功した例と言えるでしょう。

……まさに、これだけです。実にシンプルでしょ？

ビッグな目標にはライバルが少ない！

47 「NO.2」の法則

貧乏脳は、会社の「NO.1」を見る
金持ち脳は、会社の「NO.2」を見る

その会社が優れているか否かを判断する際、僕はその会社の「NO.2」がどんな人かを見ることにしています。「NO.1」ではなく「NO.2」を見るのです。

たいていの場合、NO.2がしっかりしている会社は伸びます。業績が悪くなった会社を調べてみると、その原因は「NO.2」にあることが多いのも事実です。

つまり、その企業を生かすも殺すも、NO.2次第、というわけです。

NO.2というのは本来、縁の下の力持ちでトップをサポートしていくことが重要な役割です。にもかかわらず、責任は社長、実質的な権力は自分にあるため、いつしかNO.2ではなく、事実上の「NO.1」になってしまうことが多々あるのです。

NO．1とNO．2がうまくかみ合って、会社を回していくはずが、NO．2が独立して、NO．1の「ライバル」に変わってしまうこともよくあります。

このように、会社を伸ばしたいのであれば、NO．2にどう対処していくかが重要になってきます。

一番いいのは、NO．2に「NO．1」のポジションだけを与え、実際にはNO．2の仕事をさせることです。

このことを実際に行なったのが、歴史上で行なわれた「院政」です。

今の組織でいえば、社長が「会長」職に退き、体面上は後任の社長がNO．1の座につくけれども、実質的な権力は会長が握る、というようなものです。

会社の良し悪しを見たいなら、「NO．2」を見ろ！

48

「トップで3年」より「7番手、8番手で永遠に」の法則

貧乏脳は、トップを目指す
金持ち脳は、脇役をキープする

多くの人がトップを目指して頑張っていますが、トップになれるのはたったひと握り。しかも、トップになると注目を浴び、足を引っ張る人や敵が多く出てきます。

演劇の世界などでも、主役は時とともに入れ替わりますが、脇役の息は長かったりします。テレビの世界でも、あまり露出しすぎない人のほうが息が長いですよね。

それは、主役だと目立ちすぎてしまうからです。そして、目立つとたたかれやすくなります。つまり、「目立つこと＝リスク」になるのです。

けれど、脇役は主役ほど目立ちません。

ですから、主役に比べて、足を引っ張られるリスクが少なくなるのです。

会社などでも最大手ではなく、7番手、8番手をキープしているほうが、波風立つことなく、生き残っていくことが多いものです。

実際、僕が日本に帰ってきて気づいたのは、長く続いている日本の企業は決して各業界のトップではない、ということです。7番手、8番手をひっそりとキープしているのです。

日本という国では、目立つこと自体が「リスク」になるのではないかと思っています。

それに本物の資産家は決して表に出ないですしね。

脇役でずっと生き残れ！

49 「有利な場所に自分が動く」の法則

貧乏脳は、一つの場所に定住する
金持ち脳は、より良い場所に移住する

日本人の方の多くは、旅行、留学、転勤でもしない限り、自分で移住しようとはなかなか考えないでしょう。

「不景気だ、不景気だ」と嘆くくらいなら、自分が景気のいい国に行けばいい、と思うのです。今いる場所の環境が変わるのを待つのではなく、自ら条件のいい場所に動く、という発想です。

投資家は環境や状況の変化によって、「自分」が移動します。

定住してしまうと、その分選択肢が少なくなってしまうからです。

最近はネットやスカイプなどの通信手段も発達していますから、世界各国どこにいても自由に連絡を取ることができます。自らが動き、「サテライトオフィス」

を持つことも選択肢として考えてもいいのではないでしょうか。

「オフィスは通うもの」という固定観念があるかもしれませんが、果たして、毎日混んだ電車に乗って通わなければいけないものなのでしょうか？

田舎にオフィスを構え、営業マンだけ都心に常駐させ、ほかの機能は基本はネットを使ってやり取りをする、という働き方だってあるはずです。

現在、クレジットカード会社のなかにはデータセンターを中国の大連に置いているところもあります。そのほうが人件費も格段に安くなるからです。

また、海外には新形態として、オフィスがカフェやレストランになっているところがあります。その奥の事務所が会社になっているのです。なぜかというと、これまでは、会社のオフィスの家賃は固定費として経営を圧迫することがありました。けれどこの固定経費を、カフェを経営することでまかなってしまうのです。

カフェは大儲けしなくても、家賃さえ稼げればいいのです。

オフィス代はタダになるし、打ち合わせはカフェを利用することで売り上げにも貢献できる、というわけです。

これぞ、まさに金持ち脳の考え方です。

「税金が高い」と嘆くなら、自ら税金が安いところに行けばいい。

「銀行の利息が安い」と嘆くなら、銀行の利息が高い国にお金を預ければいい。

起業しやすい国で会社を起業して、

景気がいい国で営業し、

政治が安定した国で資産を保全し、

運用益が高い国で資産を運用する。

そして、所得税がかからない国に住む。

極端に言えば、こういうことをしてもいいのではないでしょうか。

日本は住むにはいい国ですが、税金や物価が高い。さらに、日本国内につくった財産はなかなか海外に持ち出せない。そして、最後には悪魔のような相続税が待っています。

このような税法は年々厳しくなっているのが現実です。

日本では、住んでいると住民税がかかる。
お金を使うと消費税がかかる。
住宅や車を保有していると、固定資産税や自動車税がかかる。
死んだら、相続税がかかる。

つまり、何をしても、死んでからでさえも、税金がかかる国なのです。ほかの国も似たりよったりですが、その中でも日本は特にひどいと思います。

そう考えるのであれば、法人税が安い国に会社をつくり、税金が安い国に住み、相続税がない国に資産を築くのも、ひとつの方法です。

いずれにしても、自分が動くことを考えないといけない時代なのかもしれません。

そう考えると、ユダヤ人というのは、長い間、自分たちの国がなかったからこそ、「地球」を有効に使うことができた、と言えます。

地球をもっと有効に使いましょう！

50 「1万円の価値」の法則

貧乏脳は、税金を仕方ないと考える
金持ち脳は、税金をコストと考える

日本という国は、税金が世界でもっとも高い国のひとつです。

日本人を苦しめるようにつくられたとしか思えないほどです。


税金は、企業にとって、まさに生産性のない「コスト」です。

同じく投資家にとっても、税金は「コスト」。

ですから、できるだけコストを下げるために、投資家は税金について徹底的に研究します。脱税はいけませんが、節税はしますよね。


そのような中で、この法則が生まれました。

あるところに、年収300万円のAさん、年収5000万円のBさんがいました。

ふたりはそれぞれ、1万円のステーキを食べました。

さて、問題です。

Aさんと Bさん、どちらが得をしたでしょう?

年収300万円のAさんが1万円のステーキを食べるためには、所得税1割分含め1万1000円を稼ぐ必要があります。けれど、年収5000万円のBさんは同じ1万円のステーキを食べるためには、約2万円を稼がないとなりません。なぜなら、年収5000万円を稼いでいるBさんは所得税で約半分を持っていかれてしまうからです。

そう考えると、同じ1万円のステーキでも、Aさんは1万1000円稼げば食べられるのに対し、Bさんはおよそ2万円稼がないと食べられない、というわけです。

つまり、Ａさんのほうが得ですよね？

ということは、お金持ちの人に1万円おごってもらったら、2万円分おごってもらったと思ってください。

ステーキひとつにしても、その裏にはこのような税金という「コスト」がかかっているのです。

1万円のステーキは1万円稼いだだけでは食べられない

51 「ロールプレイングゲーム」の法則

貧乏脳は、攻撃力を身につける
金持ち脳は、防御力を身につける

ロールプレイングゲーム、あなたは好きですか？

僕もやったことがありますが、主人公ははじめ、たいした武器も持っていないし、防具も装着していない、おまけに仲間までいない、と非常に弱い存在です。まずは、身近の弱い敵を倒しては金貨を手に入れて武器や防具を買い、さらには仲間を手に入れるなどして、徐々に自分の能力を高め、強い敵に立ち向かっていくはずです。

ここで、主人公はこん棒と革の服しか持ち合わせていないのに、いきなり遠くの洞窟に行き、ボスキャラに戦いを挑んだらどうなるでしょう？

あっという間に、死んでしまいます。ふつうはいきなり攻撃を仕掛けるのではなく、まずは防御力を身につけ、準備を万全にしてから戦いに臨むでしょう。

同じように、たとえば、サバンナに放り出された時、命を守るために必要なのは攻撃力（オフェンス）でしょうか？ それとも防御力（ディフェンス）でしょうか？

いくら攻撃力を高めたとしても、ライオンがいきなり飛び出してきたら、人間などひとたまりもないでしょう。それよりも、「どうやったら、ライオンから身を守れるか？」という防御力を学んだほうが、生き残る確率は格段に高まるはずです。

これは、投資の世界でも同じことです。

「ロールプレイングゲーム」にたとえて言えば、投資をはじめた時点では、あなたはこん棒を持ち革の服を着た主人公。

そのような弱い状態で、香港やシンガポールなどのボスキャラの待つ〝洞窟〟に乗り込んではいませんか？

それよりも、まずはどうしたら「自分の身を守れるか？」という防御法を身につける必要があるのです。でないと、一発でやられるだけです。

にもかかわらず、なぜか投資においては「攻め」の姿勢で、攻撃力（複雑なテクニック）ばかりを高めようとする人が多いように思います。

これでは自ら進んで負けにいっているようなもの。

まずは、せっかく稼いだお金を「守る」方法を身につけることが大切です。

つまり、自分の「知識」が最強の防具となるのです。

まず身につけるべきは、「攻撃力」より「防御力」

52

「ドロボーがつくったセキュリティー会社」の法則

貧乏脳は、「同じ立場」の人を使う
金持ち脳は、「反対の立場」の人を使う

もし、誰にも負けないような強力なセキュリティー会社をつくるとしたら、あなたならどうしますか？

僕なら、こうします。**「元泥棒」を雇うのです。**

元泥棒ですから、セキュリティーの甘いところや狙いどころを熟知しています。その意見を生かし、「元泥棒も侵入できないようなしくみ」をつくれば、最強です。

つまり、反対の立場の人、当事者だった人を雇うことで、弱点をつぶしていけるのです。

アメリカの国防省では、国防省のホームページにハッキングした10代の少年を、後に国防省にスカウトしたと言います。

僕は以前ハゲタカの仕事をしていました。そこで、日本の弱点をイヤというほど見てきました。だから、その時の経験を逆に利用して、日本のためになることをしたい、と考えています。

反対の立場の人から見た「弱点」をつぶしていくと、最後には最強なものが生まれる、というわけです。

もし、なんでもできるとしたら、たとえば、僕なら日銀の総裁にＦＲＢ（連邦準備制度理事会）の元議長アラン・グリーンスパン氏を起用してみたいですね（笑）。彼なら日本をどう変えてくれるのでしょう。その政策がいいものになるかどうかはわかりませんが、インパクトを残してくれることは間違いないでしょう。

最強を目指すなら、「反対の立場」の人を使え！

53 「背中についたゴミ」の法則

貧乏脳は、聞く耳を持たない
金持ち脳は、苦言に耳を傾ける

僕が中学生の頃、家の近所に住む和尚さんに言われた言葉があります。

「お前は、自分の背中についたゴミが自分で見えるのか？」

当時は、その意味がよくわかりませんでした。
その頃、僕は自分にとって都合の悪いことを言われるたびに機嫌を損ねたり、むっとしたりしていました。そのうちに周りの人も「どうせあいつに言ったって、機嫌を損ねるだけだしうるさいから、もう言わない！」と思うようになり、誰も僕の悪いところを指摘してくれなくなってしまいました。

やがて、周囲が僕に対して、気持ちのいい言葉ばかりを発するようになって、気づけば僕はかなり調子に乗っていたようです。

そのことが災いしたのでしょう。

ある時、大きな失敗をしてしまったのです。

すると、どうでしょう。波がさ〜っと引くかのごとく、それは見事に僕の周りから人がいなくなってしまいました。

けれど、数人の友人だけは残ってくれました。その数人というのは、僕が天狗《てんぐ》になっていた時に苦言を呈《てい》してくれていた人だったのです。

当時は「俺をひがんで言っているのに違いない」と思って、まったく聞く耳を持っていませんでした。けれど、実際には本当に僕のことを思って、あえて耳の痛いことを言ってくれていたのだ、ということに気づいたのです。

そして、その時に、冒頭の和尚さんの言葉をハッと思い出しました。

そうです。いつしか僕の背中は、ゴミだらけになっていたのに、そのことをあまり指摘されなかった、いや、僕自身が気づこうとしなかったのです。

自分の投資が最高！ と思っている人は、ほかの人の言うことを聞きません。すると、どうなるでしょう？ だんだんと情報が入ってこなくなり、間違った方向に向かった場合は、底なし沼にはまってしまうのです。

自分にイヤなことを言ってくれる人ほど、最高の仲間

54 「成功者はみな子ども」の法則

貧乏脳は、大人ぶる
金持ち脳は、子供のまま

成功している人をつぶさに見ていると、ある共通点があることに気づきます。

それは**「無邪気」**だということ。

面白いことに、集団で行動していると、成功している人はたいていグループからはぐれて、迷子になってしまうのです。

思い立ったらすぐ行動するので、周りが見えなくなるのでしょう。

「今、ひとりで別行動したら、ほかの人に迷惑がかかるかも」ということは一切考えず、自分の好きなことを最優先する。

まさに、「本能のおもむくままに生きている」とも言えるでしょう。

ちなみに、僕もよく「まるで小学校2年生みたい」と言われます（笑）。

「いい大人が」と言われそうですが、いい大人こそ好奇心旺盛であるべきだと思うのです。わからないことをわからないままにしない。「あきらめ」や「妥協」は必要ありません。

そして、「やりたいことのためならすべてを捨ててもいい」という覚悟があります。

いや、それすら考えていないかもしれません。

ビジネスの上でも同じことが言えます。

ふつうの人は、何かする時に上司や責任者に許可をもらってから行動を起こすでしょう。

けれど、成功している人は、まず行動し、あとで許しをもらいます。

つまり、事後承諾。いつも「言い訳」を考えながら、行動をしているというわけです（笑）。

というのも、誰かの許可を待っている間に、チャンスが逃げてしまうことが多いからです。

時間の差がチャンスの差。

「いつかやろう」と思っている人は、たいていやらないものです。けれど、頭がいい人ほど、行動を起こす前に頭であれこれ考えてしまうため、かえって動けなくなってしまうようです。

成功者はまず誰かに許可を取りません。すべて「自己責任」で動くのです。

成功するために必要なのは、「仮説」を立てて、それを証明するために「実験」をすることです。**実験の繰り返しこそが、成功につながる**のです。

自分で証明するから、人の意見や承諾は関係ない、というわけです。

思い立ったら、まず行動。

失敗した時には、うまい言い訳をすればいい。

成功するためにはどうすればいいか？　ばかり考えるのではなく、実験を重ねていくことで、だんだんと真実に近づいていく。

それが最後に成功へと続いていく、というわけです。

本能のおもむくままに行動すればいい！

55 「か・が・み」の法則

貧乏脳は、自分だけが満たされる
金持ち脳は、周りの人も満たしてあげる

最後に僕の大好きな話で締めくくりたいと思います。

みなさん、神社の中に「鏡」があるのをご存知ですか？
そして、この「か・が・み」の「が」は、自我の「我」。
では、「か・が・み」から「が」を取るとどうなるでしょう？
「かみ」になりますね。

そう、**人は我を取り去ると、みな「かみ＝神」になる**のです。
あなたは神社にお参りに行った時、何を願いますか？

ここで自分のことをお願いしてはいけません。

周囲の人のこと、世界平和など、自分のこと以外のことを祈るのです。

「鏡」には自分が映ります。

その自分（我）を取り去ると、あとは神になります。

このように、最終的には、自分だけではなく、人のために何ができるか、を考えることが大切なのではないでしょうか。

そして、人のために何かをするためには、まず自分が満たされることが大切です。

日本人は自分が満たされ、お金持ちになることに罪悪感を覚えるところがあるように思います。

けれど、僕は罪悪感など覚える必要はまったくないと思うのです。

まずは自分を満たすこと。

そして、我が満たされたら、次に我を取り去り、そして今度は周りの人を満たしてあげる。

これが一番なのではないでしょうか。

そして、この気持ちは金持ち脳にも重要なことなのです。

我を取り去ると、「神」になる！

おわりに

最後までお読みいただき、ありがとうございます。

いかがでしたか？

まずは「そういう考え方もあるのか」と知っていただくだけでも十分だと思います。

それが頭の片隅に残っていて、何かの折に「そういえば……」と思って、行動していただけるようになればしめたものです。

今、世界情勢や経済環境は、すごいスピードで変わってきています。

この10年でなくなった企業や衰退した業界がある一方で、この10年で台頭してきた企業や業界もたくさんあります。世界を見渡すと、新しい技術やすばらしい仕組みが日々生まれてきています。

携帯電話ひとつとっても、10年前には考えられなかったような新しいアプリや便利な機能が次々とそなわってきているように思います。しかし、それらを使いこなすためには、携帯のＯＳをアップデートする必要があるでしょう。いくらいいソフトをインストールしたとしても、本体のＯＳが古いままでは起動しませんよね。フリーズすることもあると思います。

そして、人間に置き換えても同じことが言えると思うのです。

世の中にいいものが次々と出てきているのに、頭の中が古いままでは、上手に使いこなすことができません。

世界のさまざまな分野で活躍している人の多くが使っているＯＳのひとつ、それがこの「金持ち脳」の考え方です。

金持ち脳の考え方というものは、成功者の考え方を何世代にもわたって修正・改良を加えてアップデートを繰り返してきたものです。

うまくいっているものだけを取り入れて、時代に合わせて進化させていったものなのです。

僕が見ている限り、日本人の多くの方のOSは、いまだに古いバージョンである気がします。だから、優良な世界の金融商品や投資、不動産を前にしても、なかなかうまく使いこなせない、そして成功しないように思うのです。

この本を読んでくださったみなさんには、今すぐ「金持ち脳」に入れ替えてほしいと思います。それだけで、見えてくるもの、入ってくる情報が変わってくるはずです。

はっきり言って、この本を読んだからといってすぐにお金持ちになれる、というわけではありません。

けれど、この本に書かれているエッセンスを学ぶうち、いつの間にか、一生お金に困らない状態に変わっていくのです。

それは、自分だけではなく、あなたの子ども、そのまた子ども……と、延々と資産が残っていく。まさにお金持ちの連鎖です。

これまでの投資の本は、言ってみれば「頭痛薬」と一緒です。

頭が痛いのには効くかもしれませんが、体の根本の治療にはなりません。風邪を引いたり、胃が痛くなったりした場合には別の薬が必要です。そして、体自体が健康になる、というわけでは決してありません。

一方、この本は言ってみれば「体質改善の薬」。

体を根本から変える効果があります。即効性は低いかもしれませんが、一度効きはじめると、頭が痛いのがなくなるだけでなく、風邪を引いたり、胃が痛くなったりすることもなくなる。

つまり、健康な体に生まれ変わる、というわけです。

これをお金に置き換えて言えば、**一時的にお金が入るようになるだけでなく、ずっとお金がある状態に生まれ変わる**、ということなのです。

そして、この薬の効果が倍増するとっておきの法則をお教えします。

それは……

お金持ちは、自分が「いい！」と思ったものは積極的にほかの人に勧める、ということです。

ですから、この本をぜひほかの人にもお勧めしてみてください（笑）。

お金は使えば減りますが、お金持ちになるための考え方はいくら使っても決して減りません。さらに、幸せと同じで分け与えれば分け与えるほど増えていく、というられしい作用があります。

自分ひとりで貯め込むのではなく、どんどん広めてみてください。

最後に、この本を刊行するにあたって、ライターの柴田恵理さん、PHP研究所の村田共哉さん、北村淳子さんには大変お世話になりました。深く御礼を伝えたいと思います。柴田さんとはスカイプ等で何度も内容に関するやりとりをして、ここまでまとめました。

そして、なによりここまで読んでくださったあなたに、最大の感謝の言葉を贈りたいと思います。ありがとうございます。

きっとあなたにとっていいことが起こるはずですよ。

うれしいご報告をお待ちしています。

世野いっせい

著者紹介
世野いっせい（せや　いっせい）
職業、投資家。主に、国際金融、米国の不動産投資に精通。ファイナンスの視点からみた独自の不動産分析には定評があり、「目的」と「予算」から物件を選定、出口戦略まで一貫してアドバイスしている。芸能人やメジャーリーガーなど、多くの顧客を持つ。学生時代、アルバイトで知り合った人から会社を譲り受け、だまされて1,900万円の借金を背負うはめに陥ったが、苦難の末に完済。その後、不動産事業で大成功を収める。外資系投資会社とのパートナーシップにより、いわゆる「ハゲタカ」として14年間活動した経験を持つ。

◆本書をお読みいただいた方への特典

「金持ち脳」をさらに深く理解していただける動画を無料紹介！
今スグご登録ください →http://investorsbusinessschool.com

※動画は不定期に発行する著者からのニュースレターにご登録いただくとご覧いただけます。
※2016年より限定公開しております。著書の状況に合わせ、内容が変化、また配信を終了することがございますので、あらかじめご了承ください。

本書は、2012年8月に河出書房新社より刊行された『お金持ちの「投資家脳」、貧乏人の「労働脳」』を改題し、加筆・修正したものである。

PHP文庫　金持ち脳でトクする人 貧乏脳でソンする人
一生お金に困らない55の法則

2016年5月11日　第1版第1刷

著　者　世野いっせい
発行者　小林成彦
発行所　株式会社ＰＨＰ研究所
東京本部 〒135-8137 江東区豊洲5-6-52
文庫出版部 ☎03-3520-9617(編集)
普及一部 ☎03-3520-9630(販売)
京都本部 〒601-8411 京都市南区西九条北ノ内町11
PHP INTERFACE　http://www.php.co.jp/
組　版　有限会社エヴリ・シンク
印刷所
製本所　共同印刷株式会社

ISBN978-4-569-76553-2

PHP文庫好評既刊

なぜかすべてうまくいく
1％の人だけが実行している45の習慣

井上裕之 著

人生がうまくいく人、いかない人の差とは何か――。セラピストとしても活躍する歯科医が6万件の人生相談を経てたどりついた結論とは？

定価 本体五五二円（税別）

PHP文庫好評既刊

「貧乏老後」に泣く人、「安心老後」で笑う人

横山光昭 著

老後に泣くか笑うかは、ほんの僅かの「差」！　テレビでお馴染みの人気ＦＰが、老後資金の安全な貯め方・防衛術をやさしく教える一冊。

定価　本体六四〇円（税別）

PHP文庫好評既刊

成功への情熱―PASSION―

稲盛和夫 著

一代で京セラを造り上げ、次々と新事業に挑戦する著者の、人生、ビジネスにおける成功への生き方とは？　ロングセラー待望の文庫化。

定価　本体五五二円（税別）

PHP文庫好評既刊

男のからだが甦《よみがえ》る食、老ける食

「体力・気力・精力」を復活させる26の法則

蓮村 誠 著

男のからだは、何歳からでも甦る！ メタボの解消から精力の復活まで、いまより20歳若返るアーユルヴェーダの秘伝を一挙公開！

定価 本体五七一円（税別）

PHP文庫好評既刊

お金が貯まらない人の悪い習慣39

田口智隆 著

「家に帰ると、まずテレビをつける」など、お金が逃げていく悪習慣をスパッと断ち切り、「経済的自由人」へと生まれ変わるための一冊！

定価 本体六二〇円（税別）

金持ちゾウさん、貧乏ゾウさん

仕事と人生の変わらない法則

本田 健 著

カネー村のお金はどこへ消えたのか？ 金持ちゾウさん、貧乏ゾウさんが繰り広げる笑いと感動のビジネス寓話。本田ワールドの集大成。

定価 本体六〇〇円（税別）